教育部人文社会科学研究规划基金项目《资本市场视角下的企业绩效、创新行为与政策套利研究》（21YJA790018）资助

数字经济时代AI创新与投资

郭丰　黄英　著

ZHEJIANG UNIVERSITY PRESS
浙江大学出版社
·杭州·

图书在版编目（CIP）数据

数字经济时代AI创新与投资 / 郭丰，黄英著. -- 杭州：浙江大学出版社，2022.6
ISBN 978-7-308-22738-4

Ⅰ. ①数… Ⅱ. ①郭… ②黄… Ⅲ. ①人工智能—产业发展—研究 Ⅳ. ①F49

中国版本图书馆CIP数据核字（2022）第106803号

数字经济时代AI创新与投资

郭 丰 黄 英 著

策划编辑 吴伟伟
责任编辑 陈佩钰
文字编辑 葛 超
责任校对 许艺涛
装帧设计 雷建军
出版发行 浙江大学出版社
（杭州市天目山路148号 邮政编码310007）
（网址：http://www.zjupress.com）
排 版 浙江时代出版服务有限公司
印 刷 杭州宏雅印刷有限公司
开 本 710mm×1000mm 1/16
印 张 10.25
字 数 150千
版 印 次 2022年6月第1版 2022年6月第1次印刷
书 号 ISBN 978-7-308-22738-4
定 价 68.00元

前　言

从 18 世纪至今的 300 余年间，这个世界通过三次科技革命，完成了自动化、电气化、信息化的改造。与工业革命前的中世纪相比，人类已经生活在一个迥异的、由现代科技支撑和推动的全新家园。接下来，人类社会的发展又会是怎样的呢？如果说在 21 世纪，有哪一种技术可以和历次工业革命中的先导科技相提并论的话，那一定是正在蓬勃发展、层出不穷的数字科技。数字经济迈向全面扩展期，速度之快、辐射范围之广、影响程度之深，都前所未有。它正推动生产方式、生活方式和治理方式的深刻变革，成为重组全球要素资源、重塑全球经济结构、改变全球竞争格局的关键力量。百年一遇的新冠肺炎疫情带来了社交隔离，进一步加快了数字经济普及的步伐。全球数字经济“逆势上扬”，为缓解经济下行压力、带动全球经济复苏贡献了巨大力量。“十四五”规划和2035年远景目标纲要首次明确了“数字化”在我国现代化建设全局中的重要地位，描绘了建设数字中国的宏伟蓝图。

人工智能（AI）诞生至今已走过 60 年光阴。2016 年，AlphaGo 的出现昭示着计算、数据与算法三者叠加出人工智能技术的里程碑，人类也随之迈入了超级智能的“后图灵时代”。AI 提供各种成熟算法、具体方案或智能机器，深入企业生产和社会生活的点点滴滴，如人脸识别、刷脸支付、人群红外测温、机器辅助诊疗、无人驾驶汽车，等等。其中，计算力可以说是整个数字经济的核心生产力。2022 年 1 月国务院印发的《“十四五”

数字经济发展规划》指出，打造繁荣发展的数字经济关键之一，即有序推进基础设施智能升级，高效布局人工智能基础设施。从国际到国内，从互联网巨头到行业新贵，人工智能成为最受瞩目的新兴产业，站上了新时代的“风口”。强大的变革潜力让人工智能领域成为企业角逐、大国博弈的必争之地。

人工智能技术在各行各业都可能引发颠覆性改变，带来生产效率的极大提高，而且其技术发展速度已远超所有人的预期，甚至让人猝不及防。以交通为例，蒸汽机、内燃机、燃气轮机、电动机的发明让我们的出行从人抬马拖的农耕时代，跃入了以飞机、高铁、汽车、轮船为代表的现代交通时代。在人工智能时代，单单自动驾驶技术一项，就足以彻底改变我们的出行方式，可以和此前汽车、飞机的普及相提并论。随着新基础设施计划的实施，消费互联网的升级和产业互联网的发展，人工智能科技产业将步入全面融合发展的新阶段。人工智能不仅是一次技术层面的革命，更是对生产效率的大幅改进、对人类劳动的部分替代、对生活方式的根本变革，必然触及经济、社会、政治、文化等人类生活的方方面面。

2017 年是“人工智能应用元年”。AI 受到各路资本的追捧。2021 年年底，商汤科技成功完成港股上市，造就了全球人工智能领域最大资金规模的 IPO，也成为 AI 商用迈进“深水区”的一大标志性事件。庞大的消费市场将为人工智能提供足量的数据和应用场景，市场反哺也有望加快人工智能的迭代升级，这是我国人工智能发展弯道超越的核心竞争力之一。我国确立了“三步走”人工智能发展目标，到 2030 年人工智能理论、技术与应用总体将达到世界领先水平，有可能成为世界主要人工智能创新中心，智能经济、智能社会取得明显成效，为跻身创新型国家前列和经济强国奠定重要基础。历史必将如实记录此次前所未有的产业变革——变革的核心驱动力，必将是人工智能！

本书共分五章，对数字经济时代下人工智能行业的国内外发展概况、驱动力、投融资、产业链在内的内容进行深入解读，并按照基础层、技术层和应用层，对包括计算力、存储等基础领域，以及金融、医疗等应用场景在内的细分领域进行分析探讨。第一章对人工智能行业的基本情况进行了概述，包括近年来各国人工智能发展动态、投融资状况等。第二章主要对人工智能全产业链中涵盖的基础支撑层、关键技术层和应用场景层作了完整描述。算力、算法、数据是人工智能的三驾马车，其中算力是基础。神经网络芯片、深度学习算法、大数据及云计算四方面可谓撑起人工智能行业快速崛起的重要因素。第三章和第四章分别针对人工智能基础层和应用场景层，就各细分领域处于产业链中的地位、市场空间及未来发展趋势进行了详细剖析。同时，阐述了各个细分领域的投资逻辑。第五章以前瞻性的视野，对人工智能行业未来发展趋势、机遇以及可能遇到的瓶颈和问题进行了探讨。

科学是人类社会进步的催化剂。伴随知识增长的是不断扩大的未知领域。我们相信，人工智能将带来颠覆性的影响，其无比强大的原创力会给创新创业、产业发展带来历史新机遇。作为一种引发社会、经济、生产领域颠覆性变革的技术，人工智能将从专业性较强的领域逐步拓展到人类生活的各个角落，转变成为通用智能进而推动新一轮的产业革命。

感谢浙江大学管理学院的同学们，特别是叶秋彤同学为本书的修改所提供的宝贵意见。同时，天堂硅谷资产管理集团、浙江大学管理学院以及浙江树人大学创新创业学院为本书的编写提供了大力的支持。本书受到教育部人文社会科学研究规划基金项目（21YJA790018）的资助，在此一并表示感谢！

郭丰　黄英

2022年2月

目　录

第一章

数字经济下的 AI 发展

第一节　数字经济时代

“未来”已来。随着互联网、大数据、并行计算等相关技术大批成熟，数字经济在快速更替换代中不断发展，产业化周期日益缩短，企业创新更加活跃，正在全球范围内迎来新一轮变革。数字经济是以数据资源为关键要素，以现代信息网络为主要载体，以信息通信技术融合应用、全要素数字化转型为重要推动力，促进公平与效率更加统一的新经济形态。2020 年初，新冠肺炎疫情的暴发进一步促进了数字经济的迅速发展，在线交易、物流跟踪、移动支付、远程交流等多种形式便利着人们的生产生活，在国民经济中的重要性越来越高。数字经济能够将消费、生产、服务过程中所创造的数据变成生产要素，从而提供新服务、新应用，使整个社会的生产效率和运营效率都在提升。

2021 全球数字经济大会发布的《全球数字经济白皮书》显示，2020 年，全球 47 个国家数字经济规模总量达到 32.6 万亿美元，同比名义增长 3.0%，占 GDP 比重为 43.7%。在资本市场，数字经济相关板块的市值占比已经达到近 20 年的新高度。以美国市场为例，科技龙头股（FAAMNG，互联网行业六巨头）合计市值已经达到 7.1 万亿美元，占美国股市市值的比重接近 23%，已经远远超过 2000 年互联网泡沫的顶点水平。根据中国信息通信研究院发布的《中国数字经济发展白皮书（2021 年）》，“十三五”期间我国数字经济规模从最初的 11 万亿元增长到 2020 年的 39.2 万亿元，占 GDP 比重为 38.6%。

当前，伴随顶层规划的持续出台，我国数字经济正迎来新的发展机遇。2017 年 5 月 14 日，习近平主席在第一届“一带一路”国际合作高峰论坛开幕式的演讲中提出了“数字丝绸之路”战略，“我们要坚持创新驱动发展，加强在数字经济、人工智能、纳米技术、量子计算机等前沿领域合作，推动大数据、云计算、智慧城市建设，连接成 21 世纪的数字丝绸之路”①。《求是》杂志 2022 年第 2 期发表了习近平总书记的重要文章——《不断做强做优做大我国数字经济》。文章强调，充分发挥海量数据和丰富应用场景优势，促进数字技术和实体经济深度融合，赋能传统产业转型升级，催生新产业新业态新模式，不断做强做优做大我国数字经济。②此前国务院印发《“十四五”数字经济发展规划》（以下简称《规划》），突出体系化设计、系统化布局，着力构建推动数字经济发展的“四梁八柱”，对“十四五”时期我国数字经济发展作出了整体性部署。《规划》提出，数字化创新引领发展能力大幅提升，智能化水平明显增强，数字技术与实体经济融合取得显著成效，数字经济治理体系更加完善。2021 年，十三届全国人大四次会议通过《中华人民共和国国民经济和社会发展第十四个五年规划和 2035 年远景目标纲要》（以下简称《目标纲要》），提出数字经济核心产业的增加值占 GDP 比重从 2020 年的 7.8% 提升到 10%，加快数字化发展、建设数字中国成为核心任务。《目标纲要》强调，要激活数据要素潜能，推进网络强国建设，重点提出要加快数字经济、数字社会与数字政府建设，通过数字化转型推动生产方式、生活方式和社会治理方式变革。展望 2035 年，力争形成统一公平、竞争有序、成熟完备的数字经济现代市场体系，数字经

① 习近平 . 携手推进“一带一路”建设 . 人民日报，2017-05-15（3）.

② 习近平 . 不断做强做优做大我国数字经济 . 求是，2022（2）.

济发展水平位居世界前列。

后疫情时代，数字基础设施正成为越来越重要的发展工具和新型战略资源，数字经济已然成为国家经济发展的新动能，数字技术已深度融入社会经济的各个领域，成为社会治理和国家发展的重要基础。数字经济按照产业可以包括四大部分：一是数字产业化，指的是数字技术形成产业的过程，即为数字经济整体进步提供了基础的技术、产品、服务和解决方案等，具体包括电子信息制造业、电信业、软件和信息技术服务业、互联网行业等。二是产业数字化，指的是传统产业的数字化升级过程，主要是应用数字技术带来的生产数量的提高和生产效率的提升等，包括但不限于工业互联网、两化融合、智能制造、车联网、平台经济等融合型新产业、新模式、新业态的产业数字化。三是数字化治理，包括但不限于多元治理，以“数字技术＋治理”为典型特征的技管结合，以及数字化公共服务等。四是数据价值化，包括但不限于数据采集、数据标准、数据确权、数据标注、数据定价、数据交易、数据流转、数据保护等。

数字经济按技术组成，可以划分为三个层次。第一层叫核心层，包括硬件、软件以及信息和通信技术（ICT）等。第二层是狭义的数字经济，包括基于数据、信息网络和数字技术应用的新商业模式，例如数字服务、平台经济，以及共享经济、零工经济等介于平台经济和传统经济之间的模式。第三层是广义的数字经济，覆盖的范围还涉及了与传统制造业、服务业等数字化相关的电子商业，还包含了新出现的万物互联（IoT）、工业4.0、精准农业等，反映了经济生活的各个层面所参与的数字化转型。

数字经济已成为驱动我国经济高质量发展的核心关键力量，其主要建设成就可概括为五个方面：一是数字产业化规模不断壮大。数字产业新模式、新业态规模不断增长，产业发展新动能、新趋势愈发显著。2020年，我国规模以上互联网和相关服务企业收入达1.3万亿元，同比增长12.5%；人工智能产业规模达1606.9亿元，同比增长24.43%。目前，我国已有人工智能相关企业 43.9 万家；算力产业规模达 2 万亿元，直接带动经济产出达 1.7 万亿元。二是产业数字化转型步伐加快。农业数字化转型稳步推进，制造业数字化转型持续深化，服务业数字化发展进入快车道。2020 年，我国规模以上工业企业生产设备数字化率达 49.4%，新增上云企业超过 47 万家，网上零售额达 11.76 万亿元、连续 8 年居世界第一。三是新模式、新业态不断涌现。数字技术持续渗透并融入传统行业，促使传统行业实现线上化转型，并创造了众多的新业态、新模式和新职业，如网约配送员、互联网营销师等 25 种新职业。四是政务信息系统整合共享。在全国统一电子政务网络的基础上，我国建立起国家数据共享交换平台，基本实现了“网络通”“数据通”和“业务通”；各级政府从营商环境、事中事后监管等方面，开创了诸多新便民服务（如“最多跑一次”），政府治理效能大步提升。五是数字服务改善民生。数字技术的广泛应用，加速了生活服务的数字化转型进程，在线教育、线上办公、网络购物、无接触配送的出现，深刻地改变了人们的衣食住行，使得生活方式更加丰富多彩。

第二节 人工智能驱动数字化转型

1943 年，麦卡洛克（McCulloch）和皮茨（Pitts）提出的人工神经细胞模型（M–P 模型）被视为人工智能的开端。1956 年，麦卡锡（McCarthy）在达特茅斯会议上首次提出人工智能（artificial intelligence，简称 AI）的概念，即人工智能是让机器表现出像人一样的智能行为。2016 年，AlphaGo 完胜世界围棋大师李世石，进一步将 AI 带入了大众视野。2021 年人工智能领域迎来“高光时刻”，佛蒙特大学和塔夫茨大学研究团队创造出迄今为止第一个可自我繁殖的活体机器人，该机器人不仅能生孩子，还拥有自我修复基因。此外，2021 年科学家报告了一种能与人类进行竞技辩论的自主智能体，这个演示表明人工智能开始具备参与复杂人类活动的能力。在第 24

届冬奥会开幕式的主题曲演唱环节，几百个孩子手举发光的和平鸽在“鸟巢”中央奔跑，孩子们脚下的屏幕随即亮起雪花——这其实是人工智能的“0延时”捕捉和平鸽技术在大放异彩，是在大型演出中基于人工智能的实时交互渲染特效技术的首次使用，这既显示了如今人工智能技术的成熟与神奇，也预示着人工智能将在 2022 年全面绽放。

作为数字经济的组成部分，云计算改变了计算模式，降低了企业的信息化门槛和成本；大数据刷新了企业生产经营过程中数据的积累机制和采集过程；物联网则为大数据提供了良好支撑；而人工智能与其他三种标志性技术明显不同，其可提供各种成熟算法、具体方案或智能机器，深入企业生产和社会生活的方方面面。可以说，人工智能是整个数字经济的核心生产力。《规划》指出，打造繁荣发展的数字经济，关键之一即有序推进基础设施智能升级，高效布局人工智能基础设施。

人工智能技术及产品在企业设计、生产、营销等多个环节中均有渗透且成熟度不断提升，AI 应用从消费、互联网等泛 C 端领域，向传统行业辐射，助力数字经济高质量发展，推动数字化转型向纵深挺进。据清华大学研究，中国已完成 ICT 驱动数字化转型阶段、互联网驱动数字化转型阶段，自 2017 年开始进入大数据、人工智能驱动的数字化转型阶段。数字经济的高速发展为人工智能发展创造了良好的经济与技术环境，且人工智能作为关键性的新型信息基础设施，也被视为拉动我国数字经济发展的新动能。随着新基础设施计划的实施、消费互联网的升级和产业互联网的发展，人工智能科技产业将步入全面融合发展的新阶段（见图 1–1）。

而在这一轮科技发展中，我国 AI 行业整体发展处于全球领先地位。根据 IDC 的报告，截至 2020 年年底，全球 AI 市场达到 2814 亿美元。在 2021 年，这一市场再增长 16.4%，达到 3275 亿美元的市场规模。到 2024 年，这一市场预计将会进一步达到 5000 亿美元的规模，实现 17.5% 的复合年增长率。

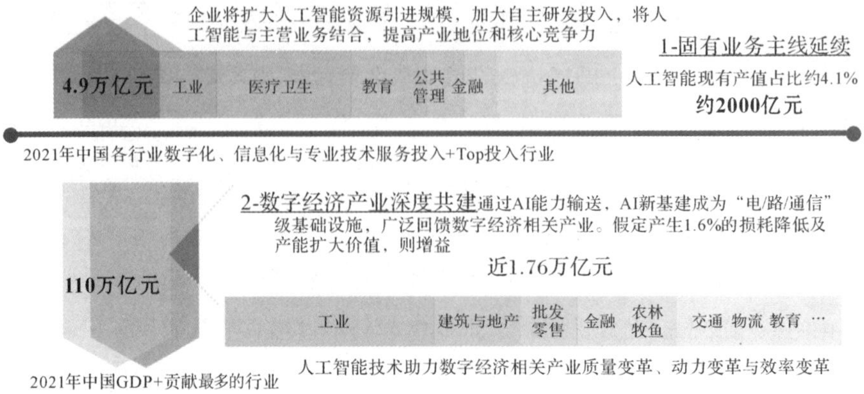

图 1-1　人工智能是数字经济核心生产力

资料来源：艾瑞咨询研究院 . 中国人工智能产业研究报告，2021 年 .

随着人工智能产业在近期飞速发展，其涉及多学科、跨行业的产业链也受到资本市场的强烈关注。人工智能对经济将产生显著的促进作用。它不仅催生了图像识别、语音识别和机器翻译等新兴产业，其更广泛的应用是所谓的“AI+”，即人工智能为医疗、制造、运输、金融、零售、教育和农业等传统行业赋能，提高这些行业的智能化水平，推动传统经济结构转型升级，向“工业 4.0”转变，创造出新的经济增长点。目前我国人工智能发展全球领先，其优势之一就是我国 7 亿多网民给数据积累提供了一个很大的天然优势，而这些大数据所产生的优势是一般企业甚至是大多数其他国家难以企及的。可以说大数据是未来人工智能得以长期发展的一个重要基石。

正是看到了人工智能的重要性，自 2015 年以来我国政府相关部门陆续出台了一些支持人工智能发展的政策。2017 年，《政府工作报告》、国务院印发的《新一代人工智能发展规划》以及同年 10 月党的十九大报告中都提到人工智能。在人工智能发展的大潮下，一般民众、行业专家、投资人士以及各路媒体几乎无一不在提及人工智能和它将给我们的生活、工作带来的影响。那么什么是人工智能？它是怎样发展到今天这个水平的呢？

首先我们来看一下人工智能的发展史。人工智能的发展史分为四个部分：萌芽阶段，诞生阶段，受挫阶段以及现在的重生阶段（见图 1–2）。

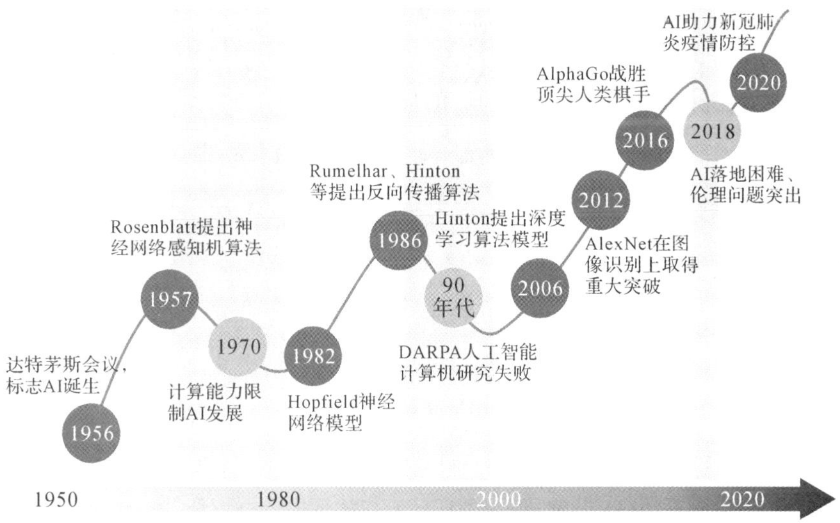

图 1–2　人工智能行业发展

资料来源：中金公司研究部 . 后疫情时代人工智能的发展趋势，2020.

萌芽阶段的人工智能没有具体的产品产出，大多以理论与思想为主导。马文 · 明斯基（Mavvin Minsky）与他的同学迪恩 · 埃德蒙兹（Dean Edmonds）建造了世界上第一台神经网络计算机，并命名其为 SNARC。这被认为是人工智能的早期工作。在那之后，被认为最早提出机器智能设想的计算机科学之父阿兰 · 图灵（Alan Turing），1950 年在《思想》杂志上发布的“计算机器与智能”虽没有提出具体方法，但其勾勒出的诸如图灵测试、机器学习、遗传算法和强化学习等，至今都是人工智能领域十分重要的分支。这一阶段另一个重要人物就是约翰 · 麦卡锡（John McCarthy），正是他发起了在人工智能领域有标志性意义的达特茅斯研讨会。也正是这位麦卡锡先生在那个大会上提出了人工智能这一术语，所以他被称为人工智能之父。早期的人工智能比较单一，比如编写出可以做几何证明的机器。由于方法的局限性、数据的稀缺以及软硬件方面的不足，人工智能领域的研究者无法进一步深入研究该领域，之后相关资金逐步退出，人工智能陷入了一个发展低潮。20 世纪 80 年代中期，当初于 1969 年由阿瑟·布莱森（Bryson）和何毓琦（Yu-chi Ho）建立的反传学习算法被重新发现，然后统计学在人工智能领域的使用以及良好的效果让科学界为之一振。于是，在新的结构和新的方法下，人工智能重获新生。

时至今日，市场对人工智能似乎仍然没有一个非常明确的定义。目前我们所得到的对人工智能的讨论实质上都比较散乱，可以说是不成体系的，大多数时候都在谈论其某个具体的应用场景，而不是一个概括性的综述。这造成一个后果，那就是人们很难从表面上深入了解人工智能发展的脉络和技术体系，也很难有实际借鉴意义。目前一个比较全面的人工智能说明是德勤咨询在其《2016 年人工智能创新报告》(Artificial intelligence innovation report 2016) 上阐述的关于人工智能的三个方面，也就是弱人工智能 (artificial narrow intelligence)、强人工智能 (artificial general intelligence) 和超人工智能 (artificial super intelligence)。

（1）弱人工智能是指经过先进的编程以及不同程序组合之后，可以精确完成一些具体任务学习和其他技术，简单说就是它只能用于完成特定任务。目前最为有名的一个弱人工智能实例就是谷歌的 AlphaGo，因为它是仅针对下围棋而被设计出来的。弱人工智能技术具有明显的机械性特征，本质上是“人手的延伸”，旨在拓展人体机能，并最终实现组织经济目标。目前市场上的人工智能绝大多数都属于弱人工智能这个分类。

（2）强人工智能指的是可以按照人类的标准执行任务，但很明显我们现在所看到的人工智能应用还远没有达到这个程度。要实现强人工智能，需要有与人脑相当的硬件，即每秒可以在 20 瓦的功率下处理 10 万亿次的计算。在运算能力上，我国的超级计算机天河二号已经可以达到每秒 3.39 亿亿次，而国产的另一超级计算机神威·太湖之光则可以达到每秒 12.5 亿亿次之巨。所以能力上我们已经可以实现，但是难点在于天河二号占地

720 平方米，售价高达 3.9 亿美元，还远不能被一般消费市场所认可。多数专家也认为，强人工智能大约在 2040 年才能实现。该阶段的人工智能可以与第三产业、政务服务和军事武器相结合，并形成互联网产业群和智能化应用体系，如"互联网 +"引起的生产消费方式变革与政府治理变革、5G 技术导致的通信变革、无人机引发的信息化军事体系变革等。

（3）超人工智能，是一种比人类智慧更先进的 AI。超人工智能将在强人工智能实现后几天或几小时内实现，但开发超人工智能的后果仍然是未知数。其智能水平比最聪明的人类智能强大几十倍。正因为此，任何人都无法预测这项技术将带来什么。正如斯蒂芬·霍金不止一次地说过，人工智能的崛起可能是人类文明的终结。随着人工智能的"智力"水平不断上升，逐步具备感知、语言、判断、记忆、情感、联想等人脑具备的功能，在未来将会替代越来越多的人类劳动。根据耶鲁大学和牛津大学的研究人员对 352 位人工智能专家进行的采访，人工智能到 2060 年前后有 50% 的概率会完全超过人类（见图 1–3）。

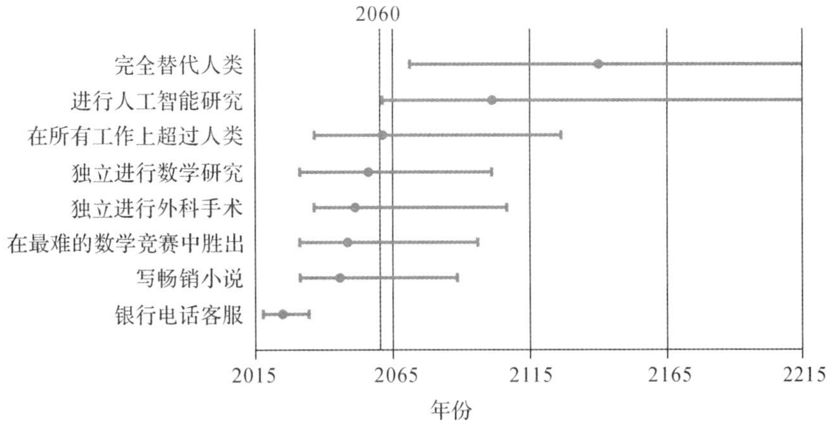

图 1–3　人工智能发展预想

资料来源：中金公司研究部 . 后疫情时代人工智能的发展趋势，2020.

经历近 80 年的发展演进，人工智能技术创新取得了巨大的突破。智能机器和算法随着机器学习能力以及算法和速度的提升，具备若干智慧属性的功能，甚至在某些特定领域这些功能远超人类，尤其是在数据存储、调用、分析处理等方面表现出了强大能力，在特定危险情境下也表现出了极强的生存能力。

AI 资本市场的收购活动也十分活跃。2014 年谷歌收购了多家不同的 AI 公司，其中包括 4 亿美元收购 AlphaGo 的制作公司 DeepMinds（为机器创造虚拟神经网络并使其拥有和人类一样的短期记忆）。Twitter 在 2014 年 7 月收购 Madbits（图像识别技术公司）。相关统计数据表明，AI 已经开始在如医疗等多个行业发展起来（见图 1-4）。

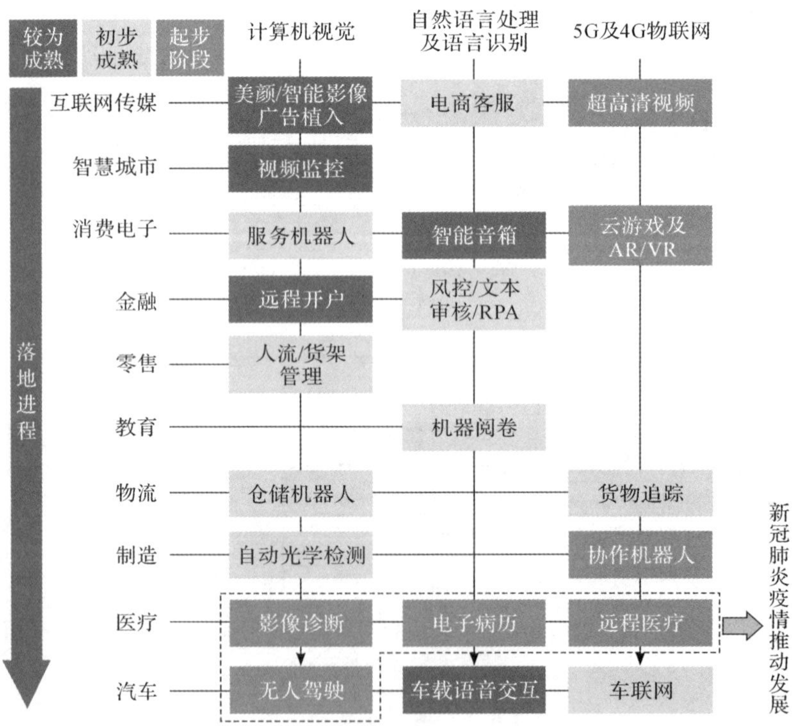

图 1-4 AI 在各行业中的应用

资料来源：中金公司研究部 . 后疫情时代人工智能的发展趋势，2020.

据统计，就 AI 中 11 大垂直领域的投资火热程度而言，按投资笔数以及交易数量排名，医疗业、广告 / 销售 / 市场调研记忆商业情报等方面开始升温。各类投资机构和科技企业已经展开对 AI 行业的布局。根据 BCC 研究，针对各个行业的智能系统将成为最大的细分行业，占市场份额 30% 左右，而智能助手将成为增速最快的细分行业，未来 5 年增速预计将达到 30%。

第三节　AI 的产业布局

放眼全球，一些主要的科技企业已经开始纷纷布局 AI 产业，以期可以在之后人工智能真正大发展时抢占先机并成为行业龙头。AI 产业链包括基础层、技术层和应用层，其中基础层为 AI 训练提供强大的算力及处理和储存海量数据能力，技术层为人工智能产业链提供技术能力，应用层针对特定行业及应用场景提供产品和服务。苹果、谷歌、微软、亚马逊、脸书五大科技巨头投入越来越多的资源抢占人工智能市场，甚至整体转型为人工智能驱动型公司。科技巨头借助其人工智能产业布局，对用户的原始行为数据进行收集、分析和加工，不仅获得了巨额利润，同时也逐渐实现了对数字市场的垄断地位。新冠肺炎疫情期间，尽管世界各国的大量私营企业遭受重创，但以美国五大科技公司为代表的科技企业仍然蓬勃发展并取得惊人的收益。国内互联网领军者百度、阿里巴巴、腾讯（简称 BAT）也将人工智能作为重点战略，凭借自身优势，积极布局人工智能领域（见图 1–5）。

综合来看，不论国内的 BAT 还是国外的科技巨头，它们主要的产业布局都集中在计算机视觉、自然语言、智能驾驶这三个人工智能细分领域。这样的产业分布主要是因为这三大领域都以人的五官感受为出发点，开发出的产品更贴近日常生活，因此更容易被应用市场所接受。

图 1-5　主要科技企业人工智能产业链

资料来源：中金公司研究部 . 后疫情时代人工智能的发展趋势，2020.

第四节　发达国家的 AI 发展概况

作为一种引发经济生产领域颠覆性变革的技术，人工智能的急速发展正在影响人类政治生活，也在重塑全球治理秩序。全球各国紧抓技术发展的战略机遇，围绕人工智能技术及其产业发展进行规划布局，并将其提升至国家战略层面。

（一）美国

美国在人工智能的基础研究领域一直处于最前沿，主要是由联邦研究基金和政府实验室来支持该领域的发展。联邦政府对公开的人工智能研发，主要是通过网络和信息技术的研究和发展（NITRD）项目负责管理，并得到了国防高级研究计划局（DARPA）、国家科学基金会（NSF）、美国国立卫生研究院（NIH）、海军研究办公室（ONR）以及情报先进研究项目署（IARPA）等机构的支持。国家战略计算倡议、大数据倡议、先进创新神经网络技术倡议同样也间接促进了人工智能的研究发展。2016 年 10 月，美国白宫科技政策办公室（OSTP）下属国家科学技术委员会（NSTC）发布了《为人工智能的未来做好准备》（以下简称《做好准备》）和《国家人工智能研究与发展战略计划》（以下简称《战略计划》）两份重要报告，前者探讨了人工智能的发展现状、应用领域以及潜在的公共政策问题；后者提出了美国优先发展的人工智能七大战略方向及两方面建议。其中，《做好准备》为特定领域制定了包括产业界应和政府合作等共 23 条发展建议。《战略计划》给出的 7 项战略目标，它们分别是：

（1）对人工智能研究进行长期投资。优先投资下一代人工智能将促进新发现和洞察力，同时使美国在人工智能领域保持世界领先地位。

（2）开发有效的人类与人工智能协作方法。并非取代人类，大多数人工智能系统将与人类合作以实现最佳性能。需要研究来创建人类和人工智能系统之间的有效交互。

（3）了解并解决人工智能的伦理、法律和社会影响。我们期望人工智能根据我们人类同胞持有的正式和非正式规范来行动。需要研究以了解人工智能的伦理、法律和社会影响，并开发符合伦理、法律和社会原则的 AI 设计方法。

（4）确保人工智能系统的完全可靠。在人工智能系统广泛使用之前，需要保证系统将以受控、充分定义和充分理解的方式操作。需要进一步加强研究，以解决创建可靠、可信任和可信赖人工智能系统的挑战。

（5）开发用于人工智能培训及测试的公共数据集和环境。训练数据集和资源的深度、质量和准确性显著影响人工智能的性能。研究人员需要开发高质量的数据集和环境，并允许负责访问高质量数据集，以及测试和培训资源。

（6）制定标准和基准以测量和评估人工智能技术。人工智能进步极其重要的是指导和评估人工智能进展的标准、测试基准、测试台和社区参与。

（7）更好地了解国家人工智能人力需求。人工智能的进步将需要一个强大的人工智能研究人员社区。需要更好地了解人工智能当前和未来研发人员需求，以帮助确保有足够的人工智能专家能够应对本计划中概述的战略研发领域。

《战略计划》的两个建议是，“开发一个人工智能研发实施框架，以抓住科技机遇，并支持人工智能研发投资的有效协调，与本计划的第一至六项战略保持一致”，与“在国家层面研究建立并保持一个健全的人工智能研发队伍，与本计划的战略第七项保持一致”。在美国政府重视之下，一批美国科技企业如谷歌、微软等纷纷进入 AI 的研究与发展。在巨头的带领下，又涌现出了一批 AI 创业企业，丰富了行业的内容。

最近几年，美国不断跟进政策，以保持在全球人工智能领域的领先地位，人工智能基础设施建设是其中重要的布局之一。在 2019—2021 财年美国工业发展领域研发优先事项中，人工智能、自动驾驶、智能制造、工业机器人等成为优先布局技术领域。2019 年 2 月 11 日，美国总统特朗普签署了《维护美国在人工智能时代的领导地位》。该命令要求联邦机构在其研发任务中优先考虑人工智能投资的方式，保持美国对高回报、基础性人工智能研发的长期且强有力的重视，并列出了五个关键领域：研发、释放人工智能资源、建立人工智能治理标准、建立人工智能劳动力，以及国际协作与保护，以巩固美国的全球地位。同年，美国国家科学委员会建立 AI 研发跨部门协调框架，包括：人工智能专责委员会，就 AI 研发优先级为政府提供建议；机器学习与人工智能小组委员会，负责制定并维护人工智能研发战略规划；人工智能研发跨部门工作组，协调跨部门 AI 研发项目。

美国在 2020 年宣布加入全球人工智能伙伴关系（GPAI），这是一个由七国集团发起的小组，主要作用是与盟国进行人工智能方面的合作。该小组的成立是为了关注人工智能的发展，包括制定研究议程、促进人工智能劳动力的发展以及刺激人工智能的创新和商业化等。2021 年 7 月，美国国家科学基金会计划投资 2.2 亿美元新建 11 个国家人工智能研究中心，覆盖人工智能和高级网络基础设施、人机交互与协作等研究领域。预计未来 4 年内将投资 3000 亿美元用于 5G、人工智能、先进材料等提升美国竞争力的新的突破性技术。2021 年 1 月，美国正式颁布《2020 年国家人工智能倡议法案》，旨在确保美国在全球 AI 技术领域保持领先地位，将美国人工智能计划编入法典，保障增加研究投入、获取计算和数据资源、设置技术标准、建立劳动力系统以及与盟友展开合作。2016 年 10 月，美国白宫发布的两份纲领性文件——《做好准备》和《战略计划》，充分展示了美国争夺全球人工智能主导地位的雄心。2021 年美国参议院通过《美国创新与竞争法案》，将科技投入上升为国家战略，拟投资 1900 亿美元于芯片、锂电池、人工智能、量子等关键技术，《2022 财年国防授权法案》批准科技研发费用 147 亿美元，重点投资微电子、高超声速、人工智能和 5G 等“先进能力赋能器”技术。

（二）欧洲

欧盟在人工智能发展上也不遗余力，将“人脑项目”选定为未来新兴技术旗舰项目之一，为基于信息通信技术的新型脑研究模式奠定技术基础，并以此加速脑科学研究成果转化。欧盟委员会与欧洲机器人协会合作完成了 SPARC 计划，资助机器人领域的创新，到 2020 年欧委会投资 7 亿欧元，使欧洲机器人行业年产值增长至 600 亿欧元，占全球市场份额提高至 42%。2020 年 2 月，欧盟委员会提出超过 40 亿欧元的“数字欧洲计划”来支持高性能计算和量子计算，包括边缘计算和人工智能、数据和云基础设施。2020 年 4 月，欧盟对“欧洲高性能计算共同计划”作出相应调整，宣布投资 80 亿旨在“为欧洲打造世界级的超算生态系统奠定基础，维持并提升欧洲在超算和量子计算领域的领先水平”。2021 年 4 月，欧盟委员会发布作为指导各成员国协调行动、共同实现欧盟人工智能发展目标的最新文件《人工智能协调计划 2021 年修订版》，提出要充分利用人工智能相关数据，开发其潜在价值；推动关键计算基础设施建设，以提升人工智能相关能力等。

英国是欧洲人工智能领域的龙头，其从 2013 年就开始出台一系列政策支持人工智能的发展（见表 1–1）。

表 1–1　英国人工智能相关政策

时间	文件	内容
2013 年	八项伟大的科技计划	宣布要力争成为第四次工业革命的全球领导者
2014 年 7 月	特殊利益群体项目	发布机器人技术及自治化系统 2020 年国家发展战略，规定其发展目标，希望在 2015 年获得届时估值约 1200 亿美金的全球机器人市场 10% 的份额
2016 年 10 月	《机器人和人工智能》	英国下议院的科学和技术委员会发布，呼吁政府介入监管和建立领导体制
2016 年 10 月	《人工智能对未来决策的机会和影响》	英国政府的科学办公室发布，表示将利用独特的人工智能优势，增强英国国力
2017 年 1 月	现代工业战略	增加 47 亿英镑研究资金将用在人工智能、智能能源技术、机器人技术和 5G
2017 年 3 月	数字战略	包括了对人工智能的评论以决定政府和企业将如何提供进一步的支持
2017 年 10 月	《在英国发展人工智能产业》	AI 将为英国提供 8140 亿美元（约 6300 亿英镑）的经济增长，推动 GVA 年增长率从 2.5% 增至 3.9%

（三）日本

日本政府和企业界高度重视人工智能的发展，不仅将物联网、人工智能和机器人作为第四次产业革命的核心，还在国家层面建立了相对完整的研发促进机制，并把 2017 年确定为人工智能元年，希望通过大力发展人工智能，保持并扩大其在汽车、机器人等领域的技术优势，逐步解决人口老化、劳动力短缺、医疗及养老等社会问题，扎实推进超智能社会 5.0 建设。2019 年 6 月，日本政府出台《人工智能战略 2019》，旨在建成人工智能强国，并引领人工智能技术研发和产业发展。日本发展人工智能的战略目标是：建成世界上最能培养和吸引人工智能人才的国家，并从全球范围内吸引人才；引领全球人工智能技术研发，构建可持续发展社会；强化本国人工智能竞争力，引领全球人工智能产业。该战略设有三大任务目标：一是奠定未来发展基础；二是构建社会应用和产业化基础；三是制定并应用人工智能伦理规范。2020 年 7 月，日本政府进一步发布《统合创新战略 2020》，提出构建支持社会 5.0 的基础设施，开展人工智能、生物技术、量子技术、材料等领域世界顶尖水平的研发活动，形成一批世界领先的研发基地，培养科技人才，推进测量、分析技术的尖端化，实现超级计算机在大学、国立科研机构、产业界的共享利用。

第五节　我国 AI 发展情况

我国企业在应用算法、专用芯片、开源开放平台、智能传感等核心关键技术上已取得局部突破，其中寒武纪、地平线、思必驰等神经网络芯片实现量产并在安防、汽车、语音领域实现规模化应用；百度、阿里巴巴、华为、腾讯、科大讯飞、京东等一批 AI 开放平台初步具备支撑产业快速发展的能力，其中百度 AI 开放平台已有超 260 万的开发者。智能语音、计算机视觉等创新产品不断涌现，医疗影像、智能语音、智能翻译、自动驾驶等产品已达到国际先进水平，智能安防、无人机等领域具备全球竞争优势。国内 AI 行业在企业数量和融资规模两组统计数据上都居全球第二位，甚至仅北京市的相关 AI 企业数量与融资规模两项指标就可以击败排名第三位的英国（见表 1–2）。

表 1–2 我国人工智能发展与其他国家 / 城市 / 区域比较

国家 / 城市 / 区域	AI 企业数量 / 家	国家 / 城市 / 区域	融资规模 / 百万美元
美国	3033	美国	20000
旧金山湾区	1045	旧金山湾区	11010
中国	1477	中国	2762
北京	454	北京	1387
英国	418	英国	1251
印度	283	以色列	937
加拿大	234	加拿大	695
以色列	202	日本	437
德国	189		

资料来源：乌镇智库 . 全球人工智能发展报告，2017.

我国人工智能的崛起有多方面的因素，综合而言可以分为五个纬度，分别是行业希望依托 AI 转型升级、AI 人才充足、移动互联网发展迅猛、高性能计算技术以及政府政策支持（见图 1–6），其中以转型升级与人才为两个最重要因素。

图 1–6 我国 AI 崛起的五大因素

我国诸多科技公司是在前一轮互联网发展的浪潮下发展起来的，其中最著名的就是百度、阿里巴巴、腾讯。随着技术的不断进步，互联网公司传统的经营模式急需改变。以百度为例，其主营的在线业务自 2011 年以来增速明显放缓，甚至于 2016 年该业务同比增速仅为 1%。在收入增长乏力的同时，公司综合毛利率也呈现出下滑态势，说明目前在我国人口红利逐渐退坡的大环境下经营成本压力已经慢慢显现。

而人工智能的优势之一就是可以通过使用 AI 系统来降低运营成本中占比最高的人工成本。另外，互联网公司经过了数年快速发展之后已经面临发展空间的天花板，转型升级势在必行。其中，发展人工智能是一个非常有力的突破口，这也是百度大力发展无人汽车的诸多原因之一。而像阿里巴巴、腾讯都分别在人工智能领域进行了布局，为长期发展做好准备（见表 1–3）。

表 1–3　BAT 的人工智能布局

公司	产业布局
百度	大数据、算法和大计算、语音、图像、视频、AR/VR、自然语言处理、知识图谱和用户画像
腾讯	智能硬件
阿里巴巴	智能家具、物联网、金融

BAT 在人工智能领域的发展也得到了国家相关部门的支持。2017 年 11 月 15 日，科技部在北京召开了新一代人工智能发展规划暨重大科技项目启动会，标志着新一代人工智能发展规划和重大科技项目进入全面启动实施阶段。会上科技部宣布首批国家新一代人工智能开放创新平台名单：依托百度建设自动驾驶国家新一代人工智能开放创新平台，依托阿里云建设城市大脑国家新一代人工智能开放创新平台，依托腾讯建设医疗影像国家新一代人工智能开放创新平台，依托科大讯飞建设智能语音国家新一代人工智能开放创新平台。

与此同时，人才对人工智能的发展起着至关重要的作用。AI 产业的竞争归根结底是人才和知识储备的竞争。只有加强科研人员培养，不断加强基础研究，才会培育出更多的智能技术。在理论研究领域，近年来中国的论文和专利数量保持高速增长，但仍缺少重大原创科研成果，人工智能顶尖人才远远不能满足需求。不过随着我国 AI 产业的不断发展，现在具有海外 AI 经验的高端人才回流局面已经逐步形成，很有力地帮助国内人工智能产业快速发展。以杭州为例，一批有海外学习以及诸如在亚马逊、谷歌等硅谷公司工作过的高端人工智能领域人才纷纷回国，加入阿里巴巴、蚂蚁金服等企业进行 AI 方面的深入研究。事实上，2017 年以来，阿里巴巴已成为杭州联结全球人才的一个重要窗口，每年全球 AI 精英都会来参加阿里巴巴的云栖大会。2017 年在阿里巴巴提出成立阿里达摩院后，又有多位全球 AI 的中国顶级人才加入了阿里巴巴的 AI 研究团队。杭州仅仅是全国引进人工智能高端人才的一个例子，北京、上海等其他城市也在积极引进，从而大力发展人工智能产业。从学者数量来看，《智慧人才发展报告（2021）》显示，全球人工智能领域学者数量共计 155408 位，覆盖 120 多个国家，其中大部分人才主要集中在北美洲、欧洲以及东亚地区。

随着人工智能在我国的不断发展，国家也对该领域提供了相关政策支持。在党的十九大报告中，习近平总书记在《贯彻新发展理念，建设现代化经济体系》这一部分讲道："……加快建设制造强国，加快发展先进制造业，推动互联网、大数据、人工智能和实体经济深度融合……"[①] 而在党的十九大之前的 7 月，国务院已经印发了《新一代人工智能发展规划》，其中就指出"人工智能成为国际竞争的新焦点。人工智能是引领未来的战略性技术，世界主要发达国家把发展人工智能作为提升国家竞争力、维护国家安全的重大战略，加紧出台规划和政策，围绕核心技术、顶尖人才、标准规范等强化部署，力图在新一轮国际科技竞争中掌握主导权"。《全球人

① 习近平 . 决胜全面建成小康社会　夺取新时代中国特色社会主义伟大胜利 . 人民日报，2017-10-28（1）.

工智能发展报告（2017）》指出，我国 2000—2017 年人工智能相关企业累计有约 1477 家，其中 1074 家是在 2013—2017 年才出现。可以看到在一系列政策引导、支持下，我国 AI 产业的发展有了更好的政策基础。科技部和工信部均部署了产业创新的试点，截至 2021 年 3 月底，科技部颁布 15 个新一代人工智能创新发展试验区；工信部设立 8 个人工智能应用先导示范区。人工智能产业区域化、特色化发展步伐不断加快（见表 1-4）。

表 1-4　我国人工智能的相关政策（2015—2021 年）

实施时间	颁布主体	文件	相关内容
2015 年 5 月 19 日	国务院	《中国制造 2025》	提出“加快发展智能制造装备和产品”，指出“组织研发具有深度感知、智慧决策、自动执行功能的高档数控机床、工业机器人、增材制造装备等智能制造装备以及智能化生产线，统筹布局和推动智能交通工具、智能工程机械、服务机器人、智能家电、智能照明电器、可穿戴设备等产品研发和产业化”
2015 年 7 月 1 日	国务院	《国务院关于积极推进“互联网 +”行动的指导意见》	明确提出人工智能作为 11 个重点布局的领域之一，促进人工智能在智能家居、智能终端、智能汽车、机器人等领域的推广应用
2015 年 4 月 13 日	中共中央办公厅、国务院	《关于加强社会治安防控体系建设的意见》	加大公共安全视频监控覆盖，将社会治安防控信息化纳入智慧城市建设总体规划，加深大数据、云计算和智能传感等新技术的应用
2016 年 3 月 18 日	国务院	《国民经济和社会发展第十三个五年规划纲要（草案）》	人工智能概念进入“十三五”重大工程，规划纲要提出要重点突破人工智能技术
2016 年 4 月	工业和信息化部、国家发展和改革委员会、财政部	《机器人产业发展规划（2016—2020）》	到 2020 年，自主品牌工业机器人年产量达 10 万台，六轴及以上工业机器人年产量达到 5 万台以上。服务机器人年销售收入超过 300 亿元。培育 3 家以上具有国际竞争力的龙头企业，打造 5 个以上机器人配套产业集群
2016 年 5 月 18 日	国家发展和改革委员会、科技部、工业和信息化部、网信办	《“互联网 +”人工智能三年行动实施方案》	明确了要培育发展人工智能新兴产业，推进重点领域智能产品创新、提升中终端产品智能化水平，并且政府将在资金、标准体系、知识产权、人才培养、国际合作、组织实施等方面进行保障

续表

实施时间	颁布主体	文件	相关内容
2016 年 8 月 8 日	国务院	《“十三五”国家科技创新规划》	在“科技创新 2030—重大项目”中提到要研发智能机器人；在“新一代信息技术”中提到要重点发展大数据驱动的类人工智能技术方法；在“先进制造技术”提到开展下一代机器人技术、智能机器人学习与认知等前沿技术研究
2016 年 8 月 26 日	国家发展改革委办公厅	《国家发展改革委办公厅关于请组织申报“互联网 +”领域创新能力建设专项的通知》	为构建“互联网 +”领域创新网络，促进人工智能技术的发展，将人工智能技术纳入专项建设内容
2017 年 3 月 5 日	全国两会	《政府工作报告》	“人工智能”首次正式写入《政府工作报告》，报告中提出：“全面实施战略性新兴产业发展规划，加快新材料、新能源、人工智能、集成电路、生物制药、第五代移动通信等技术研发和转化，做大做强产业集群”
2017 年 7 月	国务院	《新一代人工智能发展规划》	到 2020 年人工智能总体技术和应用与世界先进水平同步，人工智能产业成为新的重要经济增长点，人工智能技术应用成为改善民生的新途径； 到 2025 年，人工智能基础理论实现重大突破，部分技术与应用达到世界领先水平，人工智能成为我国产业升级和经济转型的主要动力，智能社会建设取得积极进展； 到 2030 年，人工智能理论、技术与应用总体达到世界领先水平，成为世界主要人工智能创新中心
2020 年 8 月	中共中央网信办等五部门	《国家新一代人工智能标准体系建设指南》	到 2023 年，初步建立人工智能标准体系，重点研制数据、算法、系统、服务等重点急需标准，并率先在制造、交通、金融、安防、家居、养老、环保、教育、医疗健康、司法等重点行业和领域进行推进
2021 年 9 月	国家新一代人工智能治理专业委员会	《新一代人工智能伦理规范》	将伦理道德融入人工智能全生命周期，为从事人工智能相关活动的自然人、法人和其他相关机构等提供伦理指引

第六节 AI 投资增长迅猛

人工智能研发的要点有两方面：一是资本天然逐利的需求；二是其可以提升我们的工作效率，节约生产成本。追求利益是资本的天性，这在人工智能行业面前也完全一样。如果说当年 IBM 的深蓝计算机是纯粹为了展现电脑技术成就的话，那么谷歌 AlphaGo 背后的资本运作更加明显。在 AlphaGo 之前市场对人工智能的关注度并不是太高，但是自 AlphaGo 之后，资本开始大量涌入。根据研究机构乌镇智库发布的《全球人工智能发展报告（2017）（投资与融资篇）》（以下简称《AI 发展报告》）统计，2000—2016 年，全球 AI 相关融资约为 288 亿美元，而 2012—2016 年就有 224 亿美元，已经占到 2000—2016 年融资规模的 77.8%。同时期全球 AI 投资频次为 6817 次，而 2012—2016 年为 5661 次，数量占比约是 2000—2016 年的 83.0%。可以看到 AI 领域的投资在 2012 年以后才逐步发展起来。美国旧金山湾区是全球 AI 最集中的地区（见表 1–5），2012—2016 年该地区的融资总额达到 91.4 亿美元，占全球的 40.8%。

表 1–5 2000—2016 年旧金山湾区人工智能表性企业融资规模

企业	城市	融资规模 / 百万美元
Zoox	Menlo Park	290
Medallia	Palo Alto	255
Auris Surgical Robotics	Redwood City	184
Anki	San Francisco	158
Velodyne LiDAR	MorganHill	150
Instart Logic	Palo Alto	140
Sentient Technologies	San Francisco	134
Ayasdi	Menlo Park	106
Color Genomics	Burlingame	99

资料来源：乌镇智库 . 全球人工智能发展报告，2017.

以硅谷为例，作为全球最主要的科技创新中心之一，从全球创新创业生态系统排名看，硅谷在创新创业绩效、融资、市场覆盖率、人才、创业经验、资源吸引力等主要维度连续多年位列世界第一。硅谷金融体系的核心是风险投资。硅谷拥有世界上最大、高度成熟和极具竞争力的风险资本市场。发达的风险投资市场为科创企业、尤其是早期初创企业提供融资支持，风险投资主要投向高科技企业，有效解决了高科技企业融资难的问题。在硅谷，不仅有大量的可用资金支持创业公司，风险资本家还为初创公司提供人际网络、介绍潜在客户、参与公司治理等增值服务。硅谷地区风险投资的效率较高，具备良好的退出回流机制，当企业发展到成熟期后，风险投资就会通过企业上市或并购成功退出，重新投资新的项目，持续为企业提供融资支持与增值服务，帮助其他初创企业成长。

麦肯锡在其《中国人工智能的未来之路》的报告中指出，2016 年全球风险投资对 AI 应用市场投资超过了 50 亿美元，预计到 2025 年该数字可达 1270 亿美元之巨（见图 1–7）。但是数据显示，2018 年开始，AI 市场增速放缓。根据中国信息通信研究院 2021 年发布的《人工智能核心技术产业白皮书》，2019 年、2020 年两年中，全球每年新增人工智能企业数量已不足 100 家，且投融资的轮次后移趋势不断扩大。

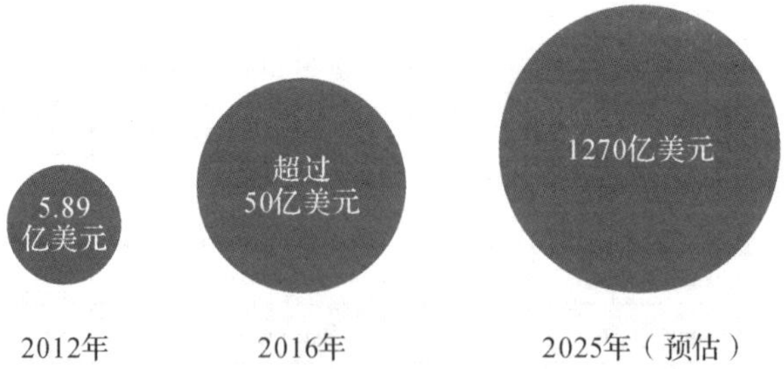

图 1–7 全球对人工智能应用市场的风险投资

资料来源：麦肯锡 . 中国人工智能的未来之路，2017.

亚洲在人工智能领域的发展整体上优于欧洲，因为根据《AI 发展报告》分析，2000—2016 年以及 2012—2016 年，亚洲的 AI 相关融资规模分别达到了 45.9 亿美元与 43.5 亿美元，均高于前述欧洲数据。其中中国对亚洲人工智能的高速发展做出巨大贡献，2000—2016 年累计完成融资 27.6 亿美元，占同期亚洲人工智能领域融资金额的 60%，而 2012—2016 年是 26.9 亿美元，进一步提升到 62%。对比亚洲主要人工智能研发国家，我国在融资规模上都大幅度领先（见表 1–6）。

表 1–6 亚洲、中国、印度和以色列的人工智能领域融资数据

	亚洲	中国	印度	以色列
2000—2016 年融资规模 / 亿美元	45.9	27.6	0.23	0.94
2012—2016 年融资规模 / 亿美元	43.5	26.9	0.2	0.82

资料来源：乌镇智库 . 全球人工智能发展报告，2017.

放眼全球，美国与中国是目前人工智能领域发展的两个大国。其各自的科技企业都在布局 AI，为未来的发展做好准备（见图 1–8）。

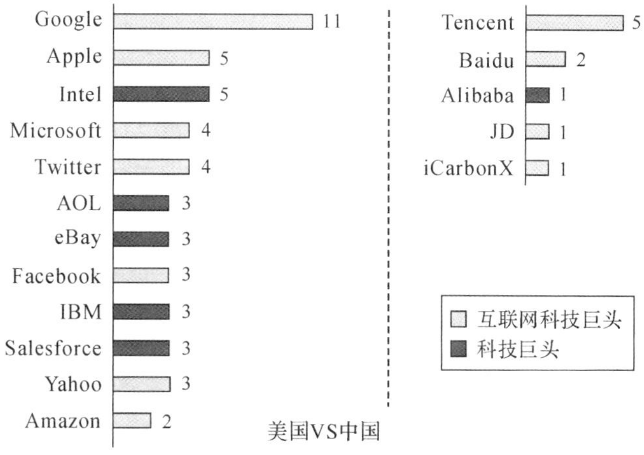

图 1–8 2000—2016 年美国与中国在 AI 领域主要并购

资料来源：麦肯锡 . 2017 中国人工智能的未来之路 , 2017.

（一）美国 AI 投资

全球人工智能融资活动随着 AI 的火热也变得风起云涌。乌镇智库发布的《AI 发展报告》显示，全球 2000—2016 年人工智能相关融资金额为 288 亿美元，而仅仅是 2012—2016 年的融资金额就达到了 224 亿美元，占 2000—2016 年累计融资金额的 77.78%。这也从侧面印证了人工智能在全球范围内的一次厚积薄发，成功地站上了资本的“风口”。

分区域来看，作为现在人工智能行业全球龙头的美国，其 AI 相关融资规模上升明显。根据《AI 发展报告》，在 2000 年到 2016 年间美国人工智能融资规模合计达到了 200 多亿美元，占全球总规模的 70% 以上。而且其融资规模占全球的比重在 2013 年之前维持在 80% 左右，后来在诸如中国等其他国家大力投资 AI 的情况下比重有所下降，但仍然约占 65%。在美国本土，旧金山湾区是其最主要的 AI 集聚地，据统计，从 2000 年到 2016 年超过 1/3 的人工智能企业在这个地方成立，而且该地区 AI 融资规模占到了美国总规模的 53.42%，而全美人工智能行业融资规模排名第二位的纽约地区占比只有 9.11%，旧金山湾区在全球人工智能行业中的龙头位置暂时无人能及（见表 1–7）。

表 1–7　2000—2016 年美国人工智能累计融资规模分布

城市 / 区域	融资规模 / 百万美元
旧金山湾区	11010
纽约地区	1883
波士顿地区	1381
洛杉矶地区	1003
匹兹堡	246
西雅图	238
圣迭戈	218

续表

城市 / 区域	融资规模 / 百万美元
芝加哥	214
亚特兰大	138
奥斯汀	125

资料来源：乌镇智库 . 全球人工智能发展报告，2017.

而根据 Crunchbase 的统计，到 2017 年 7 月，美国境内人工智能相关企业已经累计获得约 36 亿美元投资。更值得关注的是，仅 2017 年上半年的投资总额就已经超过了 2016 年全年，并且创下了该领域投资金额的最高纪录。其中，美国匹兹堡的 Argo AI 公司获得 10 亿美元，而来自中国的 SenseTime（商汤科技）获得了 4.1 亿美元。这两家公司就瓜分了美国上半年 AI 总融资的约 40%，可见美国与中国在 AI 领域的竞争非常激烈（见表 1–8）。

表 1–8　2017 年 1—6 月人工智能全球融资金额前五

公司	国家 / 地区	融资金额 / 百万美元
Argo AI	美国	1000
SenseTime	中国香港	410
Element AI	加拿大	102
C1oudminds	美国	100
Afiniti	美国	80

（二）欧洲 AI 投资

欧洲在发展人工智能方面也不遗余力。《AI 发展报告》统计，在 2000—2016 年间欧洲人工智能相关融资金额达到了 25.7 亿美元，其中 2012—2016 年累计融资金额是 20.9 亿美元，占合计规模的 81.32%。与美国类似，欧洲的人工智能产业也是在这五年间才大规模地引起资本的关注与投入的。英国是欧洲大陆人工智能发展最快的国家，其 2000—2016 年与 2012—2016 年的 AI 融资金额分别是 12.5 亿美元和 10.6 亿美元，分别占同时期欧洲融资金额的 48.64% 和 50.71%。把英国列为欧洲人工智能第一国毫不为过（见图 1–9、表 1–9）。

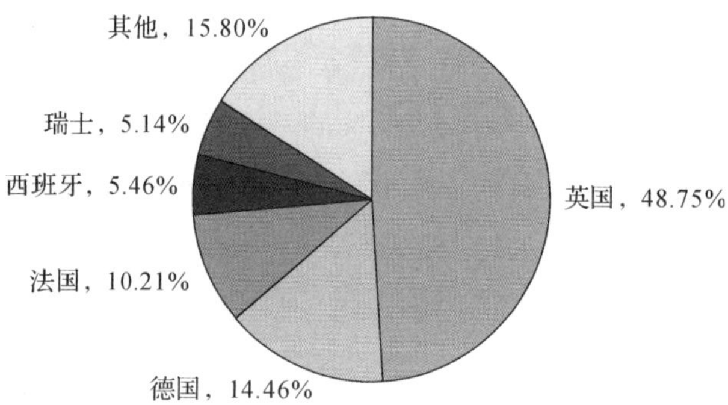

图 1–9　2000—2016 年欧洲各国 AI 融资占比

资料来源：乌镇智库 . 全球人工智能发展报告，2017.

表 1–9　2000—2016 年欧洲各城市 / 区域 AI 融资规模比较

城市 / 区域	国家	融资规模 / 百万美元
伦敦	英国	772
达勒姆	英国	166
柏林	德国	146

续表

城市 / 区域	国家	融资规模 / 百万美元
巴黎	法国	103
布莱顿	英国	96
巴塞罗那	西班牙	87
韦利济 – 维拉库布莱	法国	59
法兰克福	德国	59
剑桥	英国	53
洛桑	瑞士	48

资料来源：乌镇智库 . 全球人工智能发展报告，2017.

（三）中国 AI 投资

中国在此次人工智能浪潮中处于世界领先，从融资规模角度来看仅次于美国而位于全球第二。同时，中国也发展出了一些独角兽级别的 AI 创业企业，并成为全球 AI 行业的领军国家。2017 年 11 月，人工智能公司旷视科技（Face++）宣布完成 C 轮 4.6 亿美元融资，打破了前述的商汤科技创下的 B 轮 4.1 亿美元全球 AI 领域单轮融资最高纪录。2021 年中国人工智能领域相关企业融资共计 247 起，融资总额达 549.9 亿元（见图 1–10）。B 轮之前的初创项目投资总数占到 53.4%，并且包括地平线、图达通、Momenta、涂鸦智能在内的 11 家人工智能独角兽企业 2021 年获得超 10 亿元融资。

从地域分布来看，人工智能企业主要集中在“北上广”。其中，北京以 89 起企业融资数量拔得头筹，上海和广州均以 45 起位列第二，江苏、浙江两大沿海富庶省份位居第四和第五。

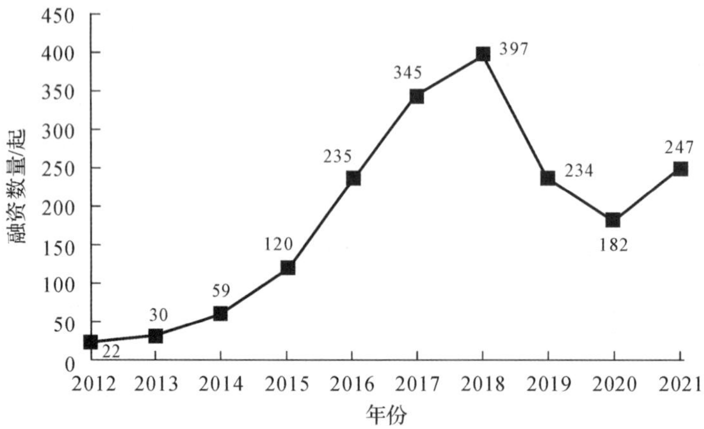

图 1-10　中国人工智能领域企业融资数量走势

此外，2021 年人工智能领域投资数量比 2020 年高出了 35.7%，并且略好于 2019 年，时隔三年后人工智能领域又慢慢热起来，底层技术以及 AI 应用场景上的新突破悄悄开启了人工智能创业和投资的下半场（见表 1-10）。在 2021 年，多家 AI 企业集中进行 IPO 使得行业融资实现了跨越，云从科技、旷视科技、格林深瞳、云天励飞均顺利过会，并在科创板上市。2021 年底，商汤科技成功完成港股上市，造就了全球 AI 领域最大资金规模 IPO，也成为 AI 商用迈进“深水区”的一大标志性事件。

表 1-10　2021 年获融资的 AI 项目中的双币基金（部分）

机构名称	A 轮投资项目	B 轮投资项目	C 轮投资项目	D 轮投资项目
高瓴创投	毫末智行、宏景智驾、地平线和机器人	壁仞科技、望石智慧	智齿科技、地平线	
鼎晖投资	暗物智能	望石智慧		
线性资本	宏景智驾、芯控智能、望石智慧	望石智慧		
云九资本	宏景智驾	壁仞科技	文远知行	乐言科技
高榕资本	启元世界、图达通、星猿哲科技	壁仞科技、星猿哲科技		
金沙江创投	易有料、智加科技、地平线机器人			智加科技
真格基金	芯控智能、壹悟科技、晶泰科技、思谋科技、Momenta、智齿科技	思谋科技		
五源资本	摩尔线程、剂泰医药	云柚货运、星猿哲科技	晶泰科技、小马智行、地平线	晶泰科技
创新工场	壹悟科技、Momenta、文远知行、第四范式、星猿哲科技	Momenta、文远知行		
源码资本	剂泰医药、健海科技、星猿哲科技	壁仞科技、梅卡曼德、星猿哲科技	梅卡曼德	
松禾资本	壁仞科技、思谋科技、小马智行	壁仞科技、思谋科技		
耀途资本	壁仞科技	智齿科技		
华创资本	梅卡曼德、智齿科技、文远知行	壁仞科技		智加科技

续表

机构名称	A 轮投资项目	B 轮投资项目	C 轮投资项目	D 轮投资项目
愉悦资本	云柚货运	图达通		
钟鼎资本		云柚货运、望石智慧、赢彻科技		
顺为资本	Momenta	Momenta	品泰科技、Momenta	
蔚来资本	赢彻科技、图达通	赢彻科技、图达通、Momenta		

清科发布的《中国人工智能行业投融资发展研究报告》（以下简称《发展研究报告》）指出，2015 年可以作为 AI 的起始年，活跃在中国的 VC/PE 机构、互联网巨头公司开始不断加码对 AI 领域的资本布局，全年投资案例从 2014 年的 281 起激增到 719 起，同比增长 155.9%；投资总额从 2014 年的 54.87 亿元上升至 159.50 亿元，同比增长 190.67%。另外，根据《2017—2022 年中国人工智能行业市场前瞻与投资战略规划分析报告》（以下简称《规划分析报告》），2016 年我国成为人工智能全球第二大融资地区。进入 2017 年，我国人工智能产业融资热度依旧。《规划分析报告》指出，2017 年前 7 个月我国亿元级别的融资项目有 37 次，其中 10 亿元更是出现了 3 次。其中，种子轮或天使轮融资 49 次，A 轮融资 79 次，二者合计占全部融资事件的 70.39%。

清科《发展研究报告》数据显示，2016 年我国人工智能领域完成投融资金额 197.61 亿元，同比增长约 24%。而 2017 年前 5 个月，我国就已经完成了 151.71 亿元的投融资规模，是 2016 年全年金额的 78%。赛迪智库发布的报告显示，到 2017 年底，我国人工智能领域初创企业融资总额超过 600 亿元。CB Insight 发布的《2021 年全球 AI 领域投资报告》显示，2021 年全球 AI 领域融资金额为 668 亿美元，其中中国和美国成为该领域投融资领先者。该组数据充分说明我国人工智能目前正站在资本市场的“风口”。

从融资领域上来看，从 2010 年至 2017 年 5 月，我国 AI 行业融资案例涉及了几乎所有 AI 产业链，但仍然主要集中在大数据、智能制造、云计算、智能金融等领域。相较于全球人工智能市场，我国的 AI 优势在于庞大的人口基数以及种类多样的终端（见图 1-11）。

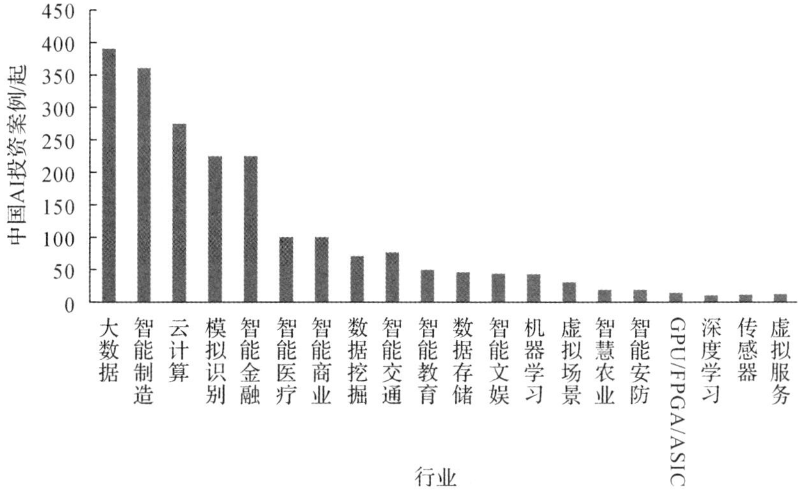

图 1-11　2010—2017 年 5 月中国 AI 行业投融资领域分布

资料来源：清科研究中心 . 中国人工智能行业投融资发展研究报告 , 2017.

从资本市场投融资数据可以看出，国内企业多从应用层布局人工智能。目前我国获得人工智能投资的企业中约 71% 为应用类企业、26% 为技术类企业、3% 为基础资源类企业，其中软件服务类企业占据所有获投企业的 83%。另外，与国际上重点投资机器学习不同，技术类企业的投融资超半数聚焦于计算机视觉领域，而投资机器学习仅占 9%，且多为巨头型企业（见图 1-12）。

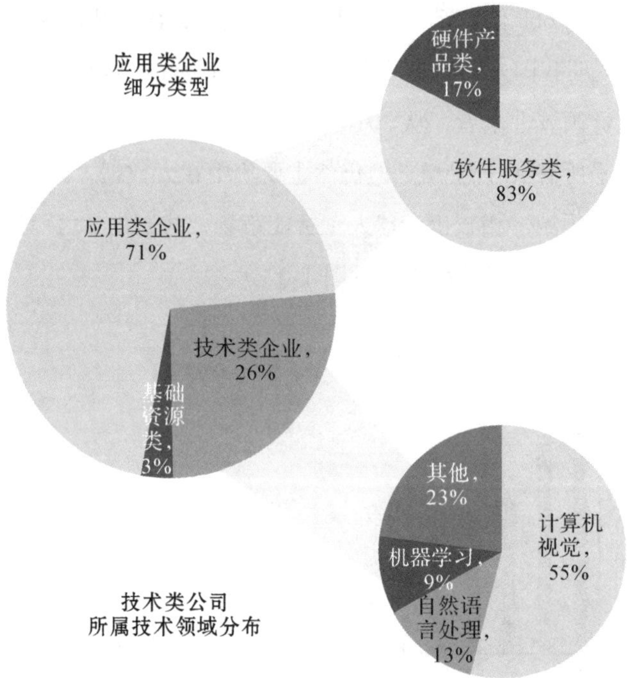

图 1-12　我国人工智能融资企业类型分布

资料来源：艾瑞咨询研究院 . 中国人工智能产业研究报告，2021 年 .

同样，从单个融资项目规模上比较，资本再一次表现出对计算机视觉的偏爱。全球人工智能单项融资纪录的案例都发生在计算机视觉领域，而且都是中国的初创企业。这一方面证明了该领域在 AI 应用场景的可发展性，另一方面也说明了我国在计算机识别技术上的领先性。

我国人工智能的领先地位源于全国各地对 AI 领域的关注以及资本的投入。就目前国内 AI 发展而言，北京以较大融资金额领先其他地区（见图 1-13）。

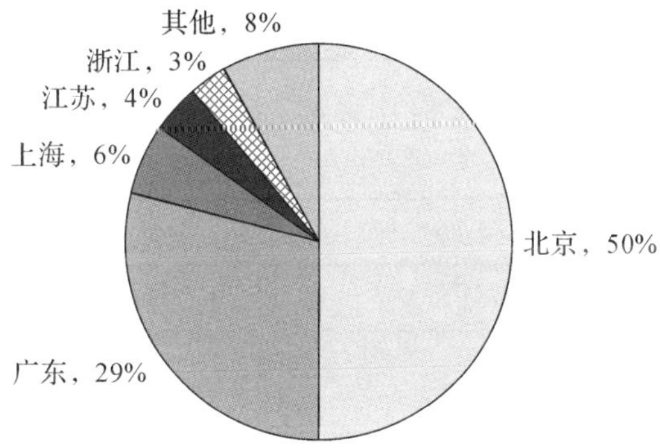

图 1-13　2000—2016 年中国主要省、市 AI 融资规模比重

资料来源：乌镇智库 . 全球人工智能发展报告，2017.

据不完全统计，从融资轮次上看，北京 AI 企业到 C 轮之后的数量也最多，从中可以明显看到北京在国内 AI 领域的龙头地位（见表 1-11）。北京 AI 企业数量也在全国一枝独秀，2000—2016 年，北京 AI 企业累计占全国 AI 企业总数量的 30.74%，而且截至 2016 年，北京的 AI 企业数量与中国以外的其他国家全国的数量相比，已经位列全球第二，仅落后于美国（见表 1-12）。

表 1-11　2000—2016 年北京、广东、上海获融资 AI 企业分布

北京获融资 AI 企业分布		广东获融资 AI 企业分布		上海获融资 AI 企业分布	
融资阶段	企业数	融资阶段	企业数	融资阶段	企业数
A 轮之前	59	A 轮之前	26	A 轮之前	18
A/A+ 轮	41	A/A+ 轮	27	A/A+ 轮	12
B/B+ 轮	16	B/B+ 轮	8	B/B+ 轮	2
C/C+ 轮之后	4	C/C+ 轮之后	2		

注：仅统计有明确信息的企业。

资料来源：乌镇智库 . 全球人工智能发展报告，2017.

表 1–12　2000—2016 年北京 AI 企业数量与部分国家比较

国家 / 城市	AI 企业数量
美国	3033
北京	454
英国	418
印度	283
加拿大	234
以色列	202
德国	189

资料来源：乌镇智库 . 全球人工智能发展报告，2017.

总之，在《新一代人工智能发展规划》到 2030 达到世界领先水平这一目标相关的政策扶持之下，我国人工智能仍将有比较多的发展机遇。目前来看，不少头部人工智能企业已经开始在自动驾驶、智能安防、生物识别等不同行业落地，并展现出了良好的落地效果。我国人工智能产业在规模保持世界前列的同时，行业增速领跑全球。

第二章

AI 产业链

依托智能计算中心、智慧大脑、AI 应用开放平台等人工智能基础设施赋能，人工智能逐步向制造、交通、医疗、能源、智慧城市等领域融合渗透，“智能 +”新技术、新模式、新业态不断涌现，辐射溢出效应持续增强，成为促进我国传统行业转型升级的主要动力。在本章，我们主要将人工智能产业链自下而上分为基础技术层和应用场景层两个层面，其中基础技术层面又可以细分为基础支撑层和关键技术层两个层面（见图 2–1）。基础支撑层是整个大数据产业的引擎和基础，它涵盖了网络、存储和计算等硬件基础设施，还有资源管理平台以及各类与数据采集、预处理、分析、展示相关的方法和工具。当下这个阶段，神经网络芯片、深度学习算法、大数据及云计算四个方面的快速发展推动着人工智能产业的崛起。

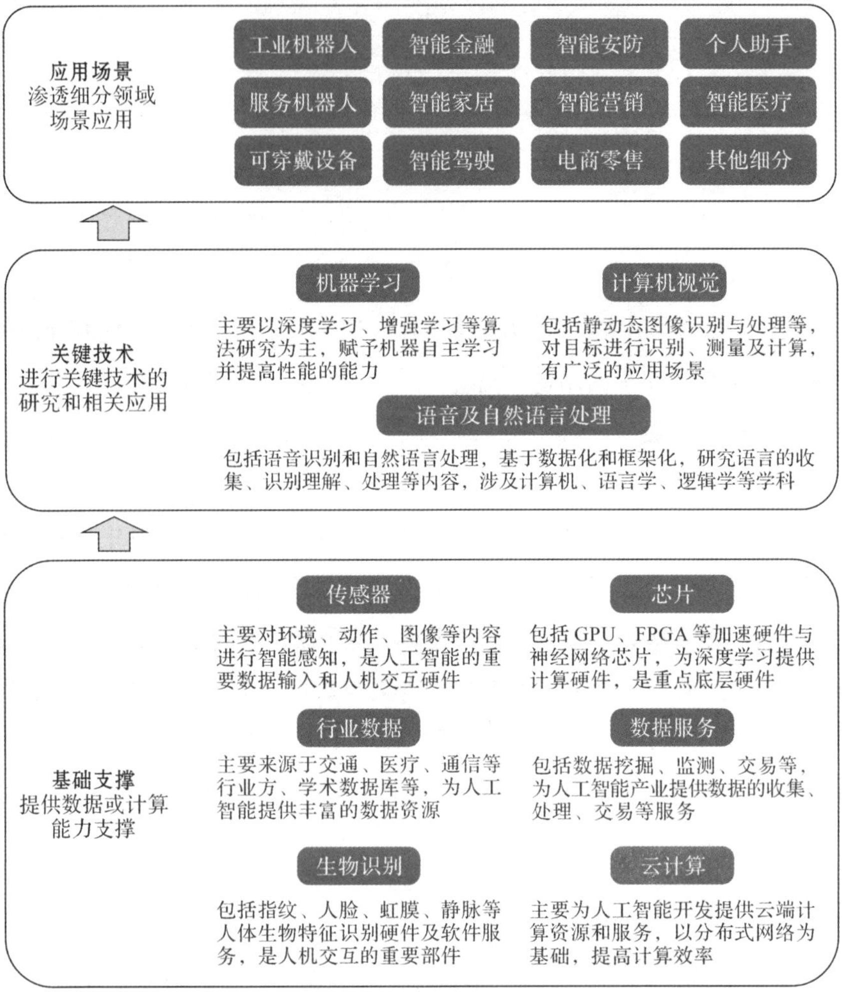

图 2–1　人工智能产业链

资料来源：艾瑞咨询研究院 . 中国人工智能产业研究报告，2021 年 .

第一节　基础支撑层

（一）大数据

数据资源是人工智能技术产业创新发展的三大驱动力之一。数据集作为数据资源的核心组成部分，是指经过专业化设计、采集、清洗、标注和管理而生产出来的专供人工智能算法模型训练的数据。从类别上看，大数据的种类十分多样，几乎涵盖了社会生活的方方面面，如健康、基因、通信、气象、信用、社交大数据等；从来源上看，大数据来源主要有政府、企业、开源等。

在互联网及智能硬件快速普及的当下，数据量呈指数式爆炸增长。2005 年，雅虎公司 hadoop 项目可以认为是大数据发展的基础，但之后虽有一些数据收纳以及分析预测方面的运用，但并没有太多的实际应用场景。直到 2011 年 IBM 的沃森超级计算机在美国电视节目《危险边缘》（jeopardy）上击败了两名人类选手而夺冠，以及同年著名咨询公司麦肯锡发布了一份报告——《大数据：创新、竞争和生产力的下一个新领域》，大数据才开始受到市场关注，这也是专业机构第一次全方面地介绍和展望大数据。据 Forrester 研究结果表明，目前在线或移动金融交易、社交媒体、GPS 坐标等数据源每天要产生超过 2.5EB（1EB 为 2^{60}B）的海量数据。据 IDC 统计，全球数据总量增长率将维持在 50% 左右，2020 年全球数据总量达到 40ZB（见图 2–2）。2020 年全球大数据软件市场规模达 4813.6 亿元，微软、Oracle、SAP 作为“top3”的厂商贡献了 30% 以上的市场份额；中国市场，包括硬软服务在内的中国大数据市场规模达 677.3 亿元。

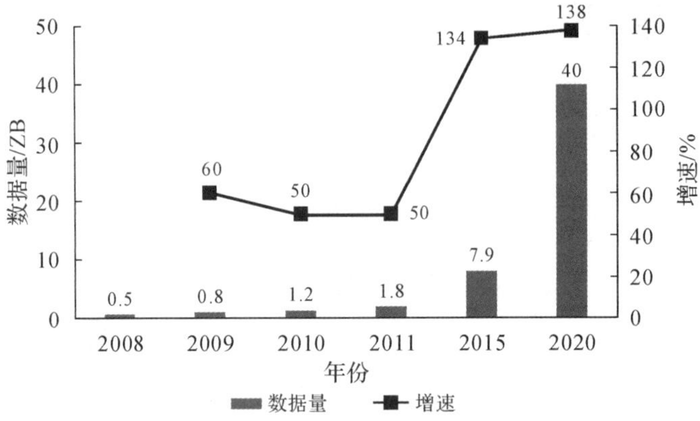

图 2-2　全球数据量规模

2019 年，我国数据产量总规模为 3.9ZB，同比增加 29.3%，占全球数据总产量的 9.3%。人均数据产量方面，2019 年我国人均数据产量为 3TB，同比增加 25%。中商产业研究院预计 2022 年中国数据产量将达 6.6ZB，人均数据产量将达 4.8TB。IDC 报告显示，中国大数据市场 2021 年整体规模超 110 亿美元，且有望在 2025 年超过 250 亿美元，呈现出强劲的增长态势。2022 年，工业和信息化部发布《"十四五"大数据产业发展规划》，提出到 2025 年，我国大数据关联产业测算规模将突破 3 万亿元。

同时，数据存储成本呈现逐步降低趋势。自阿里巴巴 2012 年推出云服务以来，其云产品每年都会降价 1—2 次，降价幅度为 15% 至 50% 不等。2016 年 10 月，阿里云产品价格全面下降，其核心产品降价幅度高达 50%。2017 年 6 月，阿里云继续下调核心产品价格，云数据库和云服务器降价幅度达到 35% 和 31%。

（二）算法模型

智能算法是开展大数据分析的数学工具，正广泛应用到各行各业。研发机器学习模型主要可分为两个阶段——训练阶段（training）和推理阶段（inference）。训练阶段可细分为三个步骤。第一步，开发人员需要定义一组函数，将从海量数据中提取的特征集输入到函数中，经过计算会输出最终结果。第二步，将输出结果与预定的目标结果进行对比，初步建成的函数模型所输出的结果和预定要达到的目标结果之间会存在误差，此时需要定义一个总误差函数。第三步，计算并调整模型中的函数参数，使得总误差函数值最小。使得总误差最小的参数集合将被选定为“最佳”函数的参数，参数选定后“最佳”函数也随之确定。

完成训练阶段的工作后，就进入推理阶段。在这个阶段，需要用训练数据集之外的其他数据对“最佳”函数进行测试。如果输出结果是准确的，那么说明训练所得的“最佳”函数是一个学习效果较好的模型；如果输出结果不准确，则需要开发人员返回训练阶段修改模型参数，直至测试结果准确为止（见图 2–3）。

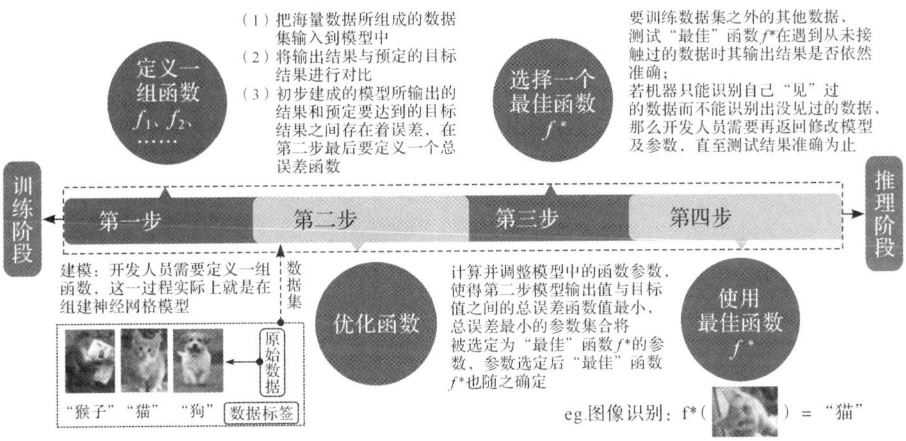

图 2–3　算法模型的两个阶段

数据来源：《Deep Learning Tutorial》。

机器学习模型可以分类为浅层学习模型和深度学习模型。浅层学习模型，诸如支撑向量机（SVM）、Boosting 等，在结构上基本没有隐藏层节点或只带有一层隐藏层节点。而深度学习模型是模仿人脑机制构建的具有学习和分析解决问题的神经网络。它由输入层、若干隐藏层及输出层构成，一般包含多个网络层，利用海量数据来对模型进行训练，通过逐层特征变换，形成对数据本身更抽象的、更具代表性的特征，从而提高分类或预测的准确性（见图 2–4）。当前，基于大量标注数据进行训练是深度学习技术实际应用的主要路线，从 1400 余万幅图片的 ImageNet 数据集至 2020 年脸书和卡内基梅隆大学构建的超过 130 万种化合物分子间作用数据集 Open Catalyst，模型训练所需标签个数普遍达 10 万个以上。

隐藏层也称隐层，是输入层和输出层之间众多神经元和链接组成的各个层面。一般认为增加隐藏层数可提高计算精度，降低网络误差。如今，深度学习的隐藏层数已经达到 152 层。隐藏层节点是神经元，数目越多，神经网络的鲁棒性（robustness）越强。相比于浅层学习模型，深度学习模型隐藏层数更多，精度更高，越来越成为机器学习模型的主流。据 Technavio 的数据，全球深度学习市场规模在 2016—2020 年的复合年均增长率为 38.7%，到 2020 年，全球市场规模达 13 亿美元。

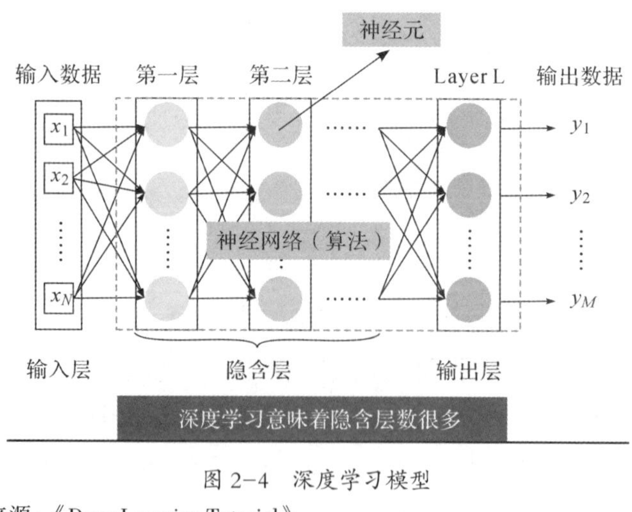

图 2–4　深度学习模型

数据来源：《Deep Learning Tutorial》。

目前，算法主要以监督学习算法为主，即需要对数据进行标记才可以用于训练模型；无监督学习算法所用的数据集不需要带标记。强化学习实现通用智能的技术路径不再是业内共识，不依赖大量人工标注数据的自监督学习成为学习方式的新焦点，并在 2020 年 ICML、ICLR 等全球人工智能学术会议上高频出现，已成为众多专家关注的关键路径。深度强化学习加速拓展任务边界，突破性解决多人棋牌、即时战略游戏等多智能体非完全信息博弈任务。目前，OpenAI、谷歌、微软等企业相继攻克即时战略、德州扑克、麻将等复杂游戏，并加速向无人机群体飞行等更为实际的应用场景拓展。

虽然现在已有的数据量已经远远超过人工智能需求的数据量，但由于标记数据的成本十分高昂，真正可用于机器学习的数据仍然很少。数据堂统计数据显示，进行 1 小时车流量统计视频数据价格为 1000 元，进行 28 小时的街道、地铁行人视频采集和标记数据则需要 4.42 万元，可见标记数据费用之高。只有进一步地提升机器学习模型，如无监督学习模型、迁移学习模型、小样本学习模型及自动生成数据等，达到算法的进步，才可以减少对标记数据的依赖，降低成本。

（三）芯片

深度学习训练效果高度依赖计算资源和数据质量，以追求大规模高速处理能力，即算力。具体形式主要表现为两种：集中式算力，如超级计算、云计算；分布式算力，如电脑、手机。当前，全球最大规模的训练模型所需算力每年增长幅度高达 10 倍。谷歌曾预测，如所有用户每天使用 3 分钟语音搜索功能，基于传统 CPU 的数据中心算力就必须提升 1 倍，预期算力需求快速增长也促使谷歌加速研发针对人工智能应用更有优势的张量处理器。训练机器学习模型所需要的时间很大程度上取决于硬件的配置，有的需要 1—3 周的时间，复杂模型则需要更久，例如训练 AlphaGo 花费了一个月的时间（见表 2-1）。一般来说，算力平台是由整机、芯片、操作系统、应用软件 4 个部分组成，而核心就是芯片。

表 2–1　机器学习各项目所需时间

公司	项目	硬件配置	训练时间
谷歌	AlphaGo 策略神经网络（CNN） AlphaGo 值网络（CNN）	50 块 GPU 50 块 GPU	3 周 1 周
百度	机器翻译系统	32 块 GPU（K40）	10 天
谷歌	机器翻译系统	96 块 GPU（K80）	6 天
微软	用 ImageNet 里百万数据训练深度残差网络（152 层）	4 块 GPU（K80）	3 周

当前用于深度学习的芯片主要类型是 CPU（中央处理器）、GPU（图形处理器）、FPGA（现场可编程门阵列）、ASIC（应用型专用集成电路）。同时，各家公司也在积极研发人工智能专用芯片，例如谷歌的 TPU、IBM 的 TrueNorth、中星微的 NPU、中科院的寒武纪 1 号等，但离大规模商用化还有一定的距离。GPU 为目前深度学习领域首选的芯片，拥有最高的市场占有率。

CPU、GPU、FPGA 和 ASIC 四种芯片各有优缺点（见表 2–2）。CPU 的架构设计以低延时为导向，擅长于逻辑运算和串行计算；而 GPU 的架构设计以大吞吐量为导向，更适用于计算密集型程序以及并行计算（见图 2–5）。诞生之初，GPU 是为了处理 3D 图像中的上百万个像素图像，拥有更多的内核去处理更多的计算任务。因此 GPU 天然具备了执行大规模并行计算的能力。GPU 的大规模应用使得集中化的数据计算处理能力变得前所未有的强大。

表 2–2 四种芯片类型优缺点比较

芯片类型	特点	适用场景	主要厂商	能耗比排名
CPU（中央处理器）	优点：计算通用性强，可处理计算复杂度高。 缺点：计算性能一般	复杂的跳转运算	Intel、AMD、Samsung、Freescale、IBM、MIPS、高通等	第四
GPU（图形处理器）	优点：加速计算机显示图像的创建。提供多达几千个计算单元和大量的高速内存；与 CPU 相比，GPU 逻辑控制单元更简单。 缺点：执行复杂度高的串行计算效率很低	大规模并行计算	Intel、NIVIDA、Imagination、ARM、AMD、Vivante 等	第三
FPGA（现场可编程门阵列）	优点：可重复编程；与 CPU、GPU 相比，计算效率更高；不采用指令和软件，是软硬一体的器件。上市速度较 ASIC 快，一次性成本低。 缺点：量产成本较高，性能较 ASIC 低	适用于对价格不敏感的企业客户，尤其是对重配置需求较高的军事和工业电子领域	微软、IBM、Intel、百度、Xilinx、Altera（已被 Intel 收购）、紫光国芯等	第二
ASIC（应用型专用集成电路）	优点：根据用户的需求定制设计因此体积小；性能和能耗优于市场上其他芯片，例如 FPGA 和 GPU。量产成本低。分为全定制和半定制。 缺点：一旦设计制造完成只能微调，无法大改。开发难度较大，上市速度比 FPGA 慢	消费电子	Intel、Movidius（已被 Intel 收购）、ICsense（已被日本 TDK 收购）	第一

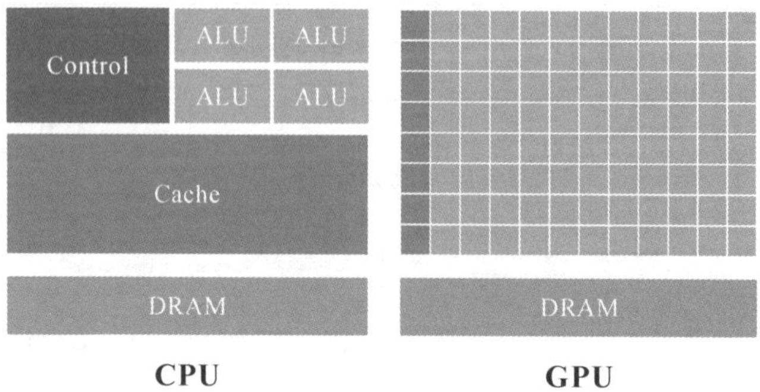

图 2-5　CPU 与 GPU 架构比较图

GPU 和 CPU 之间并不是替代关系，GPU 一般作为 CPU 的协助处理器，起到加速的作用，即以“CPU+GPU”的组合方式共同完成对数据的运算处理及模型训练。在训练过程中，当 CPU 遇到计算密集型任务时，将其中应用程序计算密集部分的工作负载交由 GPU 执行，通过并行计算的方式缩短运行时间，同时让 CPU 专注于逻辑控制及更加复杂精细的计算，以此实现加速的目的。

GPU、FPGA 和 ASIC 都是作为 CPU 的协助处理器起到加速计算的作用，三者各有优缺点。GPU 是一种通用芯片，它还可以应用于气象及海洋建模、数据科学分析、制造业、电子设计自动化等多个领域，并非专为机器学习设计的专用芯片。相较于 GPU，FPGA 和 ASIC 在计算速度上更胜一筹。但 ASIC 是专门为某种特定应用 / 算法开发的集成电路，即 ASIC 在获得计算速度提升的同时，牺牲了一定的灵活性。GPU、FPGA 和 ASIC 三种芯片在各方面的比较情况为：

（1）计算效率方面：CPU ＜ GPU ＜ FPGA ＜ ASIC。

（2）灵活性方面：ASIC ＜ FPGA ＜ GPU ＜ CPU。

（3）开发难度方面：CPU ＜ GPU ＜ FPGA ＜ ASIC。

因此，综合看来，FPGA 是一个较好的选择，拥有更快计算速度的同时，又兼顾了灵活性，不拘泥于某种算法不可更改。目前，英特尔已经推出 CPU+FPGA 架构。IBM、微软、脸书、亚马逊、百度、腾讯、阿里巴巴的数据中心均已采用 FPGA 或 CPU+FPGA。

除了以上四种主流芯片架构外，越来越多的公司开始着手研发适用于机器学习的专用芯片，例如谷歌研发的 TPU2 代、IBM 研发的 TrueNorth、英伟达研发的 Tesla P100 以及我国中科院计算所的寒武纪等。这些芯片主要针对特定算法以及特定框架进行全定制。传统芯片厂商英伟达加速提升其并行计算能力的优势和多线程并行软件开发生态的壁垒，2020 年推出 A100 芯片，晶体管数量达 540 亿，自然语言处理模型 BERT 训练性能较上一代 V100 提升 6 倍。2020 年，谷歌发布第四代 TPU，平均性能是上一代的 2.7 倍。

第二节　关键技术层

（一）计算机视觉

图像识别是计算机视觉技术最为成熟的细分领域之一，是指计算机对图像进行处理、分析和理解，以识别各种不同模式的目标和对象的技术。图像识别的原理和人辨认图像的原理基本一致：人眼在看到某一特定图像后，把图像信息传输到大脑后进行储存，再把当前的信息与之前储存的记忆进行比较，实现图像识别。

简单来说，图像识别存在三个步骤：

第一，理解一个物体，例如人脸，首先要检测一些关键点，比如轮廓、眼睛、嘴巴；

第二，人为设计一些特征来描述这些点的视觉属性；

第三，采用一些分类器将这些特征作为输入进行分类和识别。

图像识别技术的应用领域极为广泛，包括无人驾驶汽车、VR、机器人、安防等各个新兴领域，目前主要应用集中于 2B 端。iPhone X 推出的 Face ID 功能，将人脸识别技术推向 2C 端。

（二）语音识别

语音识别指的是电脑自动将人类的语音内容转换为相应的文字，其原理为语音波经过前端语音信号处理模块、声学模型模块、字典模块、语言模块四个关键的模块处理后，经过解码得到最终的语音识别结果。自 2011 年开始深度学习快速发展，传统方法中用于特征提取的 GMM（Gaussian mixture model）模型逐渐被深度神经网络（DNN，deep neural networks）模型所取代（见图 2-6），语音识别性能不断提高，单词错误率明显下降。

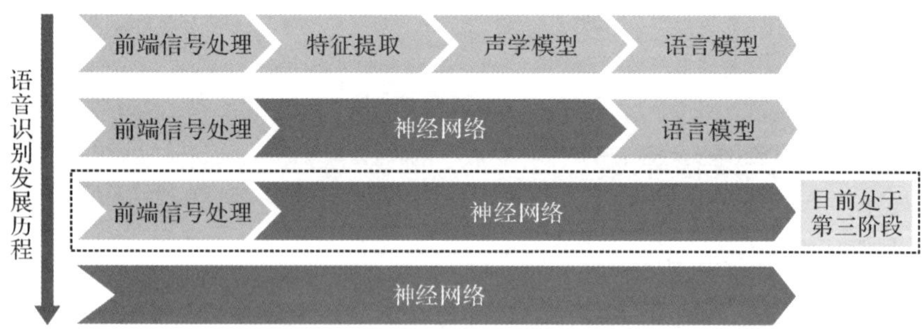

图 2-6　语音识别发展历程

性能快速提升的语音识别技术也逐步走出实验室，应用于各个场景，实现商业化落地，例如语音拨号、语音导航、室内设备控制、语音文档检索、简单的听写数据录入等。2013 年，谷歌的语音识别系统单词识别错误率还在 23% 左右，而到了 2015 年 5 月，谷歌在其举办的谷歌 I/O 年度开发者大会上宣布其语音识别系统的单词识别错误率已经降到了 8%。李开复在《人工智能》一书中称，2016 年 9 月，微软基于深度学习的语音识别系统将错误率降到了 6.3%。2016 年 11 月，搜狗、百度、科大讯飞相继宣布其中文语音识别率达到了 97%。2017 年 8 月，微软宣布该公司的语音识别系统的错误率已经降至 5.1%。2019 年 Interspeech 大会上，谷歌的最新说话人分类系统 (speaker diarization system) 将多人语音分类识别的错误率从 20% 降到了 2%，获得了十倍的性能提升（见图 2-7）。

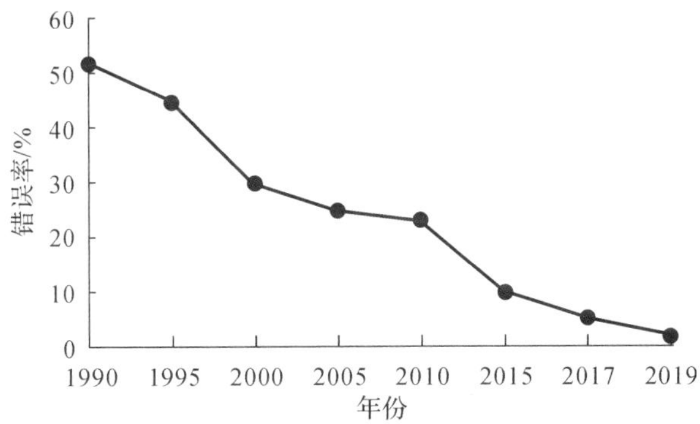

图 2-7 语音识别错误率近年来不断降低

资料来源：李开复 . 人工智能 . 北京 : 文化发展出版社 , 2017.

国内外均已有多家巨头企业切入语音识别领域。中商产业研究院、广证恒生等数据显示，2020 年全球智能语音及人工智能市场规模约 200 亿美元，谷歌、苹果、微软、科大讯飞等头部企业占有 80% 以上市场份额。全球智能语音头部企业优势明显，在产业生态构建上持续发力，市场发展潜力巨大。我国智能语音市场规模持续扩大，行业应用加速进行。科大讯飞的综合实力和成长能力远超同业竞争者，独占第一梯队。

第三节 应用场景层

随着人工智能基础硬件及核心技术的不断优化提升，其应用场景也加速渗透于消费级和企业级的各类产品服务中。AI 的加入使得企业的产品及服务的效率得到了提升、成本得到极大的控制。其应用场景可分为 2B 端和

2C 端两大类（见表 2-3）。

表 2-3 人工智能技术应用于 2B 和 2C 的场景

领域	2C	2B
语音交互	苹果语音助手 Siri、微软小娜、智能音箱 Echo、微软聊天机器人小冰	语音客服（小 i 机器人）、电商智能客服店小蜜（阿里巴巴）
计算机视觉	自动驾驶、图片搜索引擎	智能安防、物流分拣、成品无损检测
机器人	社交机器人（小鱼在家、Jibo）、早教机器人、消费级无人机（大疆）、家庭陪伴类机器人（Robax）	无人机（Technidrone）、物流机器人（Robby）、送餐机器人（Casabots）、重工业/机械制造类机器人（李群自动化）
教育	拍照搜题、题库推荐（学霸君、百度作业帮）	自动批卷（学霸君）
金融	智能投顾（同花顺、理财魔方、广发金贝塔）	金融安全（支付宝证件校验降低虚假交易率）、防信用卡盗刷（Stripe）、反洗钱（Palantir）、征信（蚂蚁金服）、金融智能客服（彭博）、金融资讯（Kensho）
医疗	生活方式管理及监控（AiCure）、健康医疗大数据平台（碳云智能）	药物研发（Atomwise）、医疗影像诊断（Baylabs）、辅助诊疗（IBM Watson）、病历分析（Iumiata）

大部分公司的业务主要以 2B 端解决方案和服务为主。一方面，2B 端业务注重与行业客户的互动合作，更有利于人工智能技术和产品的落地；另一方面，行业客户对于生产效率的提高有强烈的需求，而 2C 端产品需求仍需挖掘。不过，大公司的 2C 端产品布局依然是相对活跃的。

从国内三巨头 BAT 来看，各自落地应用重点有所不同。百度的 AI 战略中，首要任务是用 AI 提升目前百度已有业务，率先将 AI 能力应用到翻译、导航等产品当中，以提升这类产品的效率。其次，则是通过 AI 培育新业务，例如智能云、智能驾驶等。从 2017 年发布 1.0 版本以来，百度 Apollo 自动驾驶开放平台已完成 11 个版本迭代，实现了从“封闭场景循迹自动驾驶”到“无人化自动驾驶技术”的全面覆盖。对于阿里巴巴而言，电商本身即是落地 AI 的主要场景，例如智能语音客服店小蜜。在 2017 年的云栖大会上，阿里巴巴又宣布推出一款支持中英文的智能会话客服机器人。此外阿里巴巴推出城市大脑，以及在制造业流水线上尝试“工业大脑”等，在 B 端进行尝试。腾讯也紧随其后，推出了游戏 AI、社交 AI、内容 AI 等多方面落地场景，例如在围棋领域推出“绝艺”、上线智能语音助手 App 等，以及在医疗领域推出了一个医学影像实验室，用于识别早期食管癌。因此，不仅需要大力发展 AI 技术层面，寻找落地场景也是不可或缺的。

纵观基础层、技术层和应用层三个层面，每个层面各有其特点（见图 2–8）。多家巨头公司也纷纷进行了布局，而非专注于其中的某一个层面。相对于基础层，应用层的投入较少，变现较快；虽然基础层投入要求较大，但从长期布局而言也是不可或缺的一层。

		前期投入	演化路径	短期价值（3—5年）	长期价值（>5年）	
应用层	解决方案	大量行业数据形成模型，竞争相对激烈	垂直行业应用或跨行业应用	☆☆☆☆	☆☆☆	√低投入，变现快
	应用平台	需要较高的行业领导力和号召力，需要构建开发者生态和用户群	转向App Store	☆	☆☆☆	
技术层	通用技术	需要有一定规模的工程团队	与行业结合，形成解决方案，或形成通用技术平台	☆☆	☆	√投入适中，中长期布局
	算法&框架	算法、框架及工具集较多	横向：算法、工具、平台 纵向：开发者生态	☆☆	☆	
基础层	计算能力	选择计算量需求较大的行业切入	横向：适用计算平台 纵向：计算服务生态	☆☆☆	☆☆	√高投入，高回报，长期布局
	数据	入口被拥有流量的公司占据	数据资产化	☆☆☆☆	☆☆☆☆	

图 2–8 各层级皆有突破口

资料来源：清科研究中心 . 中国人工智能行业投融资发展研究报告 , 2017.

第三章

AI 基础技术层分析

第一节　人工智能基础层简介

算力、算法、数据，是人工智能产业发展的三大要素。人工智能的概念诞生于1956年达特茅斯会议，AI发展至今一共经历了三次浪潮。从人工智能的发展过程中的潮起潮落中可以看出：在人工智能的第一次浪潮中，算法是主要瓶颈，原始的单层感知机无法处理复杂函数，从而没有实际运用的能力；第二次浪潮中，数据和计算力成为主要瓶颈，神经网络隐含层数的增加要求拥有充足的用于训练模型的数据集，但是20世纪80年代可以采集到的数据极为有限，而且用大量的数据进行训练也要求相应的硬件计算资源及计算能力的提升，当时的硬件水平也无法满足大规模的计算需求，以上因素使得深度神经网络“无用武之地”；最终，在20多年之后，优化的算法降低了对数据的依赖，而数据、算法、计算能力的逐一突破使得人工智能迎来了第三次浪潮。

人工智能基础层是一个巨大的范畴，主要是研发硬件及软件，为人工智能提供数据及算力支撑，包括计算硬件（AI芯片）、计算系统技术（大数据、云计算和5G通信）和数据（数据采集、标注和分析）。其中，AI芯片是人工智能算力的基石，大数据是万物互联的基础，信息通信网络是AI体系的经脉，而云计算则是获取AI能力的途径：它们共同构成了人工智能发展的基础设施。人工智能基础层的企业通过提供AI算力、开发工具或数据资源助力人工智能应用在各行业领域、各应用场景落地，以支撑人工智能产业健康稳定发展。其核心逻辑是：

（1）人工智能的发展需要处理海量数据的计算能力。日益提升的算法性能以及日益增加的人工智能应用场景，催化计算能力层不断向性能提升的方向演进。

（2）本次人工智能浪潮是由海量数据驱动的。数据作为人工智能底层的资源，其不可或缺性已经被确定。多场景多维度，结构化可用的数据源会愈发成为市场的香饽饽，并在人工智能产业发展过程中发挥关键的作用。

（3）数据的存储需求是从海量数据源衍生出来的 IT 资源需求。数据资产的重要性被认可后，数据的存储备份成为政府、企业、运营商等社会各界的选择。在长周期内，海量数据的存储会持续有需求。

（4）5G 通信为人工智能发展提供了重要的数据传输能力。人工智能实时的应用离不开从云端获得数据、计算能力等 IT 资源，本地与云端的快速传输能力成为未来人工智能大范围铺开应用时的重要先行条件。

除去底层海量 IT 资源需求，算法与技术同样是人工智能基础层重要的组成部分。从算法拓展方向来看：机器学习与深度学习已经成为主流方向。算法框架中诸如 Caffe、TensorFlow、Torch 等大多数已经实现了开源，并成为大多数工程师的选择，对行业的加速发展和人才培养起到了极大的作用。全球开源平台的成熟，也使得中国企业能够快速地学习其他地区开发的先进算法。

通用技术层面，近几年频繁听到国内企业在语音识别和图像识别方面打破世界纪录。这一是因为中国近几年在软件领域的投入和发展，二是因为中国具有海量的样本数据，在数据可以驱动算法效果提高的领域，国内企业具有比较优势。

因此，基础层是人工智能发展的先决条件。没有充足的计算、存储、传输资源、积累成规模的数据，人工智能无从发展。从阶段来看，目前国内底层的 IT 资源还未建设完善，无法支撑起大规模的人工智能应用发展，因此仍处于高速成长期。

基础层包含的分支丰富，拥有包括服务器、存储器、交换机等每年数百亿元的市场空间，芯片产业、通信传输等每年投资支出达到数千亿元的行业。以 5G 通信行业为例，三大运营商每年在 5G 通信建设上的资本性投入就超过 5000 亿元。预计基础层整体市场空间每年将超过万亿元规模。在这个巨大且持续增长的市场里，每年都会出现大量的 IT 投资机遇。从大的行业趋势来看：IT 基础设施伴随市场需求的上升而实现快速增长的同时，其基础架构处在快速的变革中，以满足更高性能的数据计算、存储和传输的需求。

从变革的最终目的来看，可以总结为以下三点：

（1）更低的整体资源成本，减少新硬件采购，通过虚拟化技术最大化地利用旧的现有 IT 资源；

（2）简便的运维管理，实现集中化、可视化、自动化的 IT 资源管理；

（3）弹性的 IT 架构，能够按需投入、模块化横向扩展，而现有基础架构无需调整和变更。

在行业大趋势的指引下，基础层各细分领域均伴随着行业的崛起而涌现机遇，各个细分领域的投资机会在下文各部分进行阐述。

第二节　人工智能基础层（计算力）

（一）市场地位

在基础层三大资源中，计算力属于至关重要的一项，也是三大底层资源（计算、存储、传输）中最为重要的部分。缺乏足够的计算能力是目前限制人工智能高级算法应用于实践的重要原因之一。

由于深度学习已经成为当前人工智能的主流算法，因此 AI 芯片通常也多指用于深度学习领域的芯片。深度学习的深度，指的是图模型的层数以及每一层的节点数量。神经网络复杂度不断提升，从最早单一的神经元，到 2012 年提出的 AlexNet(8 个网络层)，再到 2015 年提出的 ResNET(150 个网络层)，层次间的复杂度呈几何倍数递增，对应的是对处理器运算能力需求的爆炸式增长。在此之后，深度学习相关领域研究发展更为迅速，大量高复杂度的人工智能模型被陆续提出。具有代表性的模型包括 2018 年提出的 Bert 模型，采用了 24 个基于自注意力机制的 Transformer 模块，整个模型的可学习参数量超过了 3 亿。2020 年 5 月提出 1750 亿参数量模型 GPT-3，以及 2021 年 12 月提出 1.2 万亿参数量模型 GLaM，同时深度学习模型的复杂度和训练难度也迈上了一个新的台阶。

深度学习带来计算量急剧增加，对计算硬件带来了更高要求。但 CPU 和 GPU 基本框架结构都不是为人工智能设计的，如果要用通用处理器搭建一个人脑规模突触的神经网络，可能需要建一个电站来给它供电。以 AlphaGo 为例，下一盘棋动用了 1000 个 CPU 和 200 个 GPU，每分钟的电费就高达 300 美元，而网络规模只有人脑的千分之一。因此，CPU 和 GPU 无法满足人工智能产业落地的需求。未来想要突破这一困局可以主要靠两个手段：一是设计全新的处理器（芯片）架构；二是设计更高级、更快、更有效的算法。区别于过去 Intel 垄断的 PC 时代，在当前开放生态的时代，各类新兴的取代解决方案被提出，并逐步面世（见表 3–1）。

表 3–1 人工智能芯片特点对比

类别	GPU	FPGA	ASIC	类脑芯片
特点	性能高 功耗高 通用性好	可编程，灵活性功耗与通用性介于 GPU 与 ASIC 之间	定制化设计 性能稳定 优秀的功耗控制	功耗低 响应速度快 技术尚不成熟
代表公司	英伟达 AMD	深鉴科技	寒武纪 地平线 比特大陆 谷歌	IBM 英特尔

总体来讲，AI 芯片可以分为云训练芯片、云推断芯片、边缘推断芯片三类（见图 3-1）。

（1）云训练芯片：GPU 离散化和分布式的特征适合处理深度学习所需要的非线性离散数据。在该领域，英伟达已经建立了相当领先的技术优势。尽管 AMD 推出了 RadeonInstinct MI 系列 GPU 产品、英特尔也正在加紧研发独立、通用的 GPU 产品，但都无法挑战英伟达在 GPU 市场中的优势地位。另外，谷歌在应用 GPU 的案例表明 GPU 在深度学习模型建立的过程中发挥了很好的效果，但是在人工智能模型应用环节效果不佳，不能完全满足人工智能产业落地的需求，进而自主研发 ASIC 芯片——TPU。

（2）云推断芯片：诸多 IT 巨头也纷纷跟进研究与设计 FPGA 和 ASIC 芯片。FPGA 是一种集成大量基本门电路及存储器的芯片，最大特点为可编程。人工智能算法所需要的复杂并行电路的设计思路适合用 FPGA 实现。FPGA 每个逻辑单元的功能和逻辑单元之间的连接在写入程序后就已经确定，因此在进行运算时无需取指令、指令译码，逻辑单元之间也无需通过共享内存来通信。它在本质上是用硬件来实现软件的算法，因此在实现复杂算法方面有一些难度，具有较高的软硬件技术门槛。FPGA 的灵活性可赋予云服务商根据市场需求调整 FPGA 加速服务供给的能力，以确保对数据中心的巨大投资不会因为市场风向变化而陷入风险之中。此外，FPGA 架构非常适合用于低时延的计算密集型任务处理，即可满足海量用户并发的云推断需求，相比 GPU 能提供更佳的消费者体验。目前全球的 FPGA 厂商主要有赛思灵、英特尔、安森美半导体、LATTICE、Achronix 等。

（3）边缘推断芯片：ASIC 是一种为专门目的而设计的集成电路，除了不能扩展以外，在功耗、可靠性、体积方面都有优势，尤其在高性能、低功耗的移动端。其计算效率更高，体现在数据读取逻辑、运算方法优于传统 CPU、GPU。谷歌的 TPU、寒武纪的 GPU、地平线的 BPU 都属于 ASIC 芯片。主要应用场景包括智能手机、高级辅助驾驶系统、计算机视觉设备、语音交互设备、AR/VR 现实设备等。由于功能专用，所以 ASIC 的产品定制化程度高且功耗低，是人工智能的终极解决方案，可以在终端广泛铺开。但是由于过分定制化导致单一芯片开发成本高，需要大批量生产才能降低成本，同时灵活性较差。

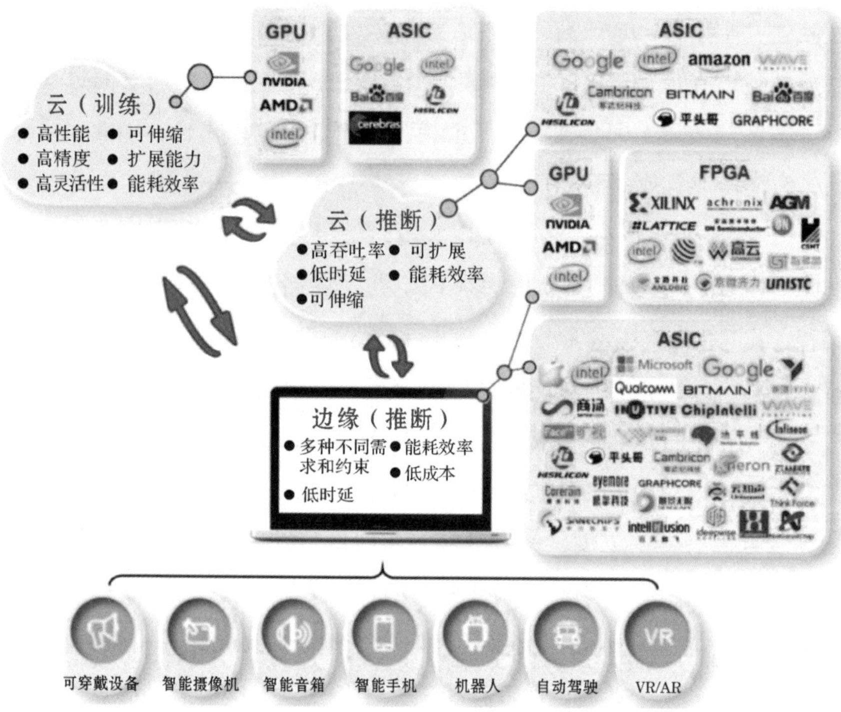

图 3-1　AI 芯片分类以及主要厂商

随着市场对芯片计算能力的需求提高，芯片制造工艺也在不断提高。但是芯片制造成本不断高涨，解决这个问题的关键则是架构创新，主要包括 CPU+GPU、CPU+FPGA、CPU+ASIC 等。除上述的三种主流芯片以外，科技巨头已经开始研发诸如神经形态芯片等新型 AI 芯片，如英特尔研发的

Loihi 神经拟态芯片和 Pohoiki Beach 神经拟态系统。尽管功耗低，响应速度快，但是技术尚不成熟。

（二）产业链与市场空间

人工智能基础层的三要素中，计算力是驱动 AI 产业化和产业 AI 化发展的关键，其以芯片这一集成了运算逻辑与硬件的载体而存在。芯片产业链包含了芯片设计、芯片制造、封装和测试三个部分，除此之外还包括各个环节配套的设备制造、材料生产等相关产业（见图 3–2）。此外，按形式可分为 IDM 和垂直分工两种模式。早期半导体厂商主要以 IDM 模式为主，即企业拥有自己的晶圆厂，业务涵盖设计、制造、封测等全产业链并最终销售芯片。芯片设计和创新的主场地依然是美国，包括高通、英伟达、AMD 等在内的全球前十大芯片设计公司大部分都在美国，其中英特尔是 IDM 模式的领头羊。

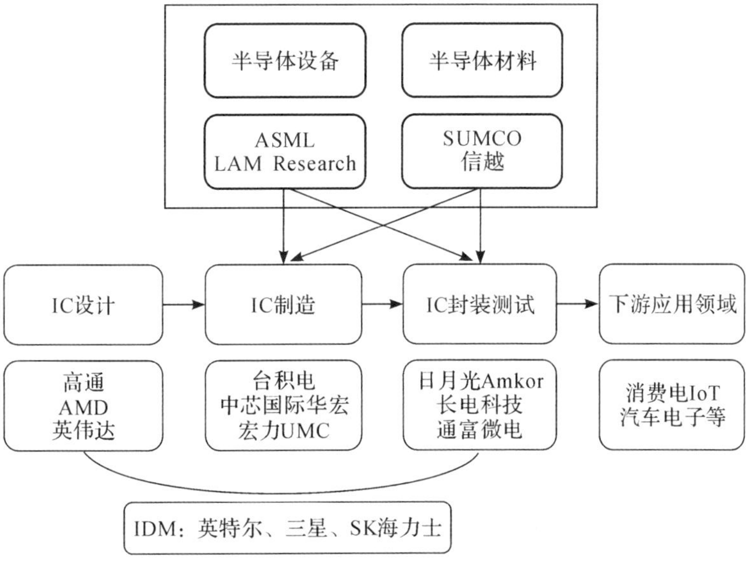

图 3–2　集成电路产业链

资料来源：中商产业研究院 . 中国人工智能行业市场前景及投资研究报告 ,2020.

1. 芯片设计（高技术门槛的环节，占产业链 40%—60% 市场空间）

芯片设计是半导体产业中附加值最高的环节，占全行业利润空间的 60% 左右，这是由芯片设计行业的定价机制决定的。按国际通用的低盈利芯片设计公司的定价策略 8∶20 定价，也就是硬件成本为 8 的情况下，定价为 20，即常规产品销售毛利率为 60%。这个定价比例并不高，Intel 过往定价策略为 8∶35，而 AMD 历史上曾达到过 8∶50。

纵观全球，在这个高门槛、高毛利率、市场空间又足够广阔的行业，涌现了英特尔、高通、英伟达等大批市值超过千亿美元，以及无数市值超过百亿美元的半导体企业，这些企业聚集在 IC 设计层，但同时它们也均为外资企业。

在传统芯片领域，中国已经落于下风。20 世纪 70 年代，中国没赶上 CPU 的发展浪潮，在传统芯片设计和制造领域，一步落后，步步落后。长期以来，国产芯片发展受到了在该领域一路领先国家的垄断，长期受制于日、韩、美等芯片大国。迄今为止，14nm 工艺是芯片制造领域的一个分水岭，中芯国际的 14nm 工艺良品率已经达到了业界的生产水平。虽然坐拥庞大的电子制造业，90% 的笔记本电脑、90% 的智能手机，以及其他的大量电子设备均在中国制造，但中国芯片自产率仅有 16%。

产业的迭代会带来格局的变化。面对此次浪潮，我国企业是有机会的。原因如下：

（1）CPU 和 GPU 的架构不能很好的匹配深度学习，目前的 AI 芯片主要针对神经网络和深度学习算法定制，芯片的硬件设计比传统的 CPU 和 GPU 要简单，并非高不可攀，中国的企业也能做到。

（2）中国对半导体产业的支持力度很大，发展中国芯片的战略明确且坚定，AI 芯片可能会成为一个新的战略方向。

（3）中国有巨大的电子消费市场，以华为、小米、OPPO、VIVO 为例，电子产品的品牌效应正逐步向中国制造转移。面对国内大量下游巨头客户，中国的芯片企业具有得天独厚的商业优势和客户渠道优势。

（4）国内在 AI 领域的进展很快，特别在应用方面，在很多领域甚至比美国做得还好，这能为 AI 芯片提供重要的市场基础。

当前看来，不管是国内的百度、阿里巴巴、腾讯、华为，还是美国的谷歌、脸书、亚马逊、微软，都在朝人工智能方向发展。人工智能应用落地的巨大需求会衍生出庞大的 AI 芯片需求空间。从定性分析的角度来看，理论上未来所有人工智能的应用，如果落地在 2C 端，都需要配备人工智能加速芯片，因为传统芯片的计算能力无法实现相关的应用。因此 AI 芯片的市场空间会伴随 AI 应用的逐步落地而释放。

2. 芯片制造（高资金门槛的环节，占产业链 20%—30% 市场空间）

芯片制造是一个高资金门槛的环节。从制造工序来看，65nm 的平面工艺大约需要 600 余道工序，45nm 需要约 800 余道工序，28nm 则需要 1300 余道工序，14nm 的制造工序将高达 1700 余道左右。从生产线建设来看，20 世纪 70 年代的 3 英寸晶圆线，投资额仅 0.25 亿美元，而目前建造一条 12 英寸 32 / 28nm 的规模生产线需要超过 40 亿美元，12 英寸 14nm 生产线的投资则高达 100 亿美元。每个技术节点的提升都会淘汰一批旧设备、添置大量新设备，新设备的价格越来越高。根据 ASML 的报价，一台紫外 EUV 光刻机就高达 10 亿元，尚不包括日后高昂的设备维护费。高昂的资金门槛使得该领域的领军企业也具备较高的毛利率，以台积电为例，毛利率水平可以维持在 50% 以上。但是由于资金门槛过高，而且芯片制造环节的附加值不高，市场上能够参与到其中的玩家很少。

3. 芯片封装和测试（门槛较低，占产业链 20%—30% 市场空间）

封装与测试环节通常结合在一起，是将生产出来的晶圆进行切割、焊线、塑封等处理，使 IC 与外部器件实现连接，然后利用 IC 设计企业提供的测试工具对封装完成的芯片进行性能测试。芯片封装和测试环节属于芯片产业链内门槛最低的环节，占到全产业链 20%—30% 的市场空间。在此领域，我国已经取得市场领先的地位，涌现出长电科技、华天科技、通富微电等优秀本土企业。伴随芯片市场景气度的抬升，能够保持 16nm—12nm—8nm 技术演进的封装和测试企业依旧能兑现业绩预期。

（三）市场趋势

1. 半导体产业的国产化转移与设备进口替代

1950 年以后世界进入芯片时代，摩尔定律推动下的每 18 个月“芯片晶体管同比例缩小一半”带来的性能提升以倍数计，与此同时芯片的成本会下降一半。中国半导体起步与发展比较慢，持续落后于领军企业好几个数量级，意味着中国的半导体产品在性能方面远低于这些企业的同时，价格却高于它们，致使追赶之路非常辛苦，行业内企业蒙受持续性的亏损。

如图 3–3 所示，摩尔定律的增长已出现了明显放缓趋势，使得中国半导体企业追赶各领军企业的成本大幅降低。与此同时，移动互联网时代，智能手机为中国带来了旺盛的集成电路需求。但本土产能不足，集成电路长期依赖进口，2016 年贸易逆差达到 1660.05 亿美元。

中国巨大的电子消费市场让国内外企业同时看到物联网时代中国在集成电路领域巨大的潜力与空间。境外厂商开始向中国转移产能，我国政府

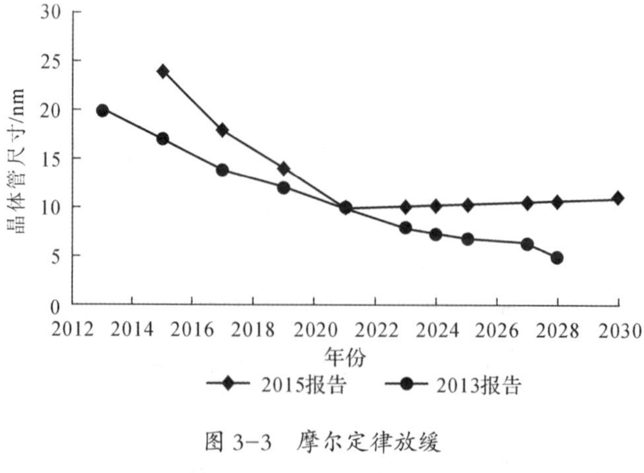

图 3–3　摩尔定律放缓

也成立了国家集成电路大基金引领社会资本进入集成电路行业。在产业基金、国家科技重大专项（01、02、03）及地方基金等国家队的带动下，集成电路产业投资大热。仅 2015—2016 年，国内已经宣布在建或计划开工的晶圆生产线就多达 44 条，其中 12 寸 18 条、8 寸 20 条、6 寸 6 条，超过过去 5 年之和，集成电路产能向中国转移是确定性趋势。从晶圆产能和晶圆消费分布看，中国芯片消费居世界第一。

2. 芯片新架构成为趋势，国内存在弯道超车机会

在摩尔定律遇到瓶颈的情况下，如何提升计算能力以满足人工智能算法的计算需求，这是半导体产业发展至今，所有传统优势 IC 设计企业都在深入思考的问题。

从未来竞争格局来看，计算芯片市场会有三方参与：传统的芯片厂商、生态建立者、新进入者。一是传统的芯片制造厂商：Intel、Nvidia 和 AMD。他们的优势在于在已有架构上对人工智能的延伸，对于硬件的理解会优于竞争对手，但也会身陷于架构的囹圄；二是生态构建者进入芯片设计，比如苹果和谷歌，优势在于根据生态灵活开发定制各类 ASIC，专用性强；三是新进入者。某些全新的架构比如神经网络芯片的寒武纪，因为是全新的市场开拓，具有后发先至、弯道超车的可能。

（四）投资机会研判

在“国产化”与“架构升级”两个重要趋势之下，可以看到 AI 芯片产业链出现了比较好的产业机会。

1. 高附加值环节 IC 设计市场空间最大，是最值得布局的细分环节

如上文所述，芯片设计环节利润空间占到整个产业链的 40%—60%，是技术附加值较高的细分领域。在该领域，过去是由 Intel、ARM、英伟达所垄断。定制化程度越高，特殊场景下的性能越优秀，这一特点决定了未来除了 GPU、FPGA，ASIC 也会有良好的发展机遇。AI 芯片产业会逐步演化出一个更为开放、百家争鸣的生态系统（见表 3-2）。

表 3–2　国内外 IC 设计企业

人工智能芯片	国外企业	国内企业
GPU	英伟达、AMD、ARM、Qualcomm	上海兆芯、景嘉微
NPU	Qualcomm、IBM	中量微电子
DPU		深鉴科技
VPU	Movidus	
TPU	谷歌	
BPU		地平线
IPU	Graphcore、Mythic	
KPU		嘉楠耘智
QPU	D–Wave、System	
SPU		启英泰伦、云知声
XPU		百度
其他	苹果、高通、Intel、Mobieye	寒武纪科技、比特大陆、华为海思

中国企业在通用 AI 芯片领域与国际水平如 Intel、英伟达等相比，有短期内难以逾越的差距。但在 AI 计算专用芯片领域，国内外研究起步时间差距不大。国内又涌现了像地平线、寒武纪这样优秀的企业。

在投资与研判芯片设计企业时，需要考虑以下要素。

（1）研发投入与经验壁垒

IC 芯片设计只有长期高研发投入，浸润行业，然后才会进入高产出周期环节。即使华为、海思进入芯片行业并巨额研发投入发展多年，也仅做出了低性能需求的手机芯片，未能做出高性能电脑芯片。因此，没有 5—10 年的研发投入与技术积累，在该领域很难有拿得出手的产品。

（2）聚焦场景的市场潜力和商业落地速度

在专用芯片领域，中国有些企业走在了市场的前列，但专用芯片一定有其局限性，仅适用于少数的场景。例如：语音识别芯片、图像识别芯片。因此，在性价比超过通用芯片后，这个细分领域是否已经兴起，细分领域的市场空间是否足够大，企业能否具有快速商业化的能力，将成为投资的重要分析因素。

2. 芯片制造环节，国产半导体设备进口替代具有良好的市场空间

行业趋势中已分析，半导体制造产能向中国转移已成为不可逆转的趋势。转移的动力，一是来自国际厂商持续在中国设厂，二是中国厂商在政府和大基金的支持下，积极投资建厂。巨大的半导体集成电路投资带来半导体设备厂商崛起的机会，类似于移动互联网时代，苹果等来中国设立生产线，带动大族激光、蓝思科技、立讯精密等数十家苹果产业链配套厂商的崛起。

挖掘相关细分领域行业时，应考虑下述两个因素。

（1）设备市场空间大，有持续更迭需求

8nm 产线共有 1700 多道工序，涉及大量半导体自动化生产设备，建成一条产线的成本极高，建成后不会轻易大规模替换。需要从设备覆盖工序、更迭速度来判断设备市场天花板。

（2）国产化技术有突破，投资高峰期内实现进口替代

中国的半导体设备需求量大，但自给率低，在相关技术方面仍处于追赶状态。在去 IOE 的趋势下，进口替代空间巨大。2019 年，中国的半导体设备市场规模占到了全球的 49.44%。

第三节　人工智能基础层（数据源）

（一）市场地位

数据源是本轮人工智能产业崛起的核心驱动力，是当下和未来人工智能产业重要的门槛。因为缺乏数据源，大量人工智能企业不知所措。在当

前的技术发展路径下，如果谁掌握了某个领域具有深度和广度积累的数据，就可成为这个领域的信息权威。在现有的开源算法体系下，数据量能够帮助模型实现迭代和优化。“普通的算法 + 海量的数据”实现的最终效果，将优于“优秀的算法 + 少量的数据”。人工智能是海量数据积累后的 IT 产物。

（二）产业链与市场现状

1. 数据现状

数据和云存储遵从摩尔定律：每过两年，世界上的数据量就会翻倍，同时用于存储这些数据的成本则会以同样的速度下降。得益于互联网时代的到来以及移动互联网时代的发展，每天数据都以惊人的速度增长。全世界在 2018 年创建、捕获、复制和消耗的数据总量为 33ZB，相当于 33 万亿 GB。2020 年，这一数字增长到 59ZB，预计到 2025 年将达到令人难以想象的 175ZB。1ZB 是 8×10^{21}bit。现实生活中每 4 小时沃尔玛用户产生数据超过 2.5PB，每天 Twitter 产生推文 5 亿条。今日头条的用户请求超过 60 亿次，每天今日头条处理数据量超过 6.3PB。实际上目前积累的数据量已经远远超过人工智能需求的数据量。

但是，在目前人工智能算法还是以监督学习算法为主导的背景下，需要对数据进行标注才可用于模型训练，而且标记数据成本高昂，所以从这个意义而言，虽然目前数据数量巨大并且还在高速增长，但是“可用”数据却很少。

监督学习需要带标记的数据集，而无监督学习不需要带标记的数据。标记数据的费用往往十分昂贵。以机器翻译为例，如果请人工来翻译，一个单词的费用大约为 5—10 美分，一个句子平均长度大约为 30 个单词，如果需要标注 1000 万个双语句对，亦即找专家翻译 1000 万句话，所有标注费用估算下来大约为 2200 万美元（2016 年微软亚洲研究院估算）。又如智能安防数据，其带标记的数据价格如表 3–3 所示。谷歌、脸书、IBM 这样的科技巨头获取海量数据的成本很低，但是获取某些特定类别的带标记数据的成本依然无法显著降低。例如谷歌开放的语音数据库 AudioSet 里的语音片段全部来自于 YouTube（谷歌旗下子公司），而获得这些数据几乎是无成本的；而 IBM 为了训练 Watson，不惜花重金收购了 Explorys 和 Phytel，从而获得了超过 1 亿份电子病历，可见医疗数据之贵。

表 3–3 2016 年智能安防带标记的数据价格一览

数据产品名称	规格	价格	标注内容
车牌图像数据	1000 张	900 元	车辆对象标注包括拍摄时间、车型、车辆颜色、车牌颜色、车身位置等内容
车辆标注数据	1 万张	9000 元	标注车牌、拍摄时间、车型、颜色、车身等属性
车流量统计视频数据	1 小时	1000 元	在单车道、双车道、十字路口，用监控摄像头采集的车辆视频
街道、地铁行人视频采集和标注数据	28 小时	4.42 万元	在街道、地铁站台、地铁检票口采集的高清监控视频，并对部分图片标注了人体区域和人体位置
街景视频采集和标注数据	26 小时	6.3 万元	标注了人体区域、汽车位置、限速标记位置
车辆对象跟踪视频数据	1 小时 (4 段，10—13 分钟 / 段）	950 元	在市区道路和高速公路，用监控摄像头采集的车辆视频，每 5 帧提取 1 帧图像进行车辆的位置轨迹标注
行人对象跟踪视频数据	1 小时 (4 段，10—13 分钟 / 段）	950 元	在室内以及室外，用监控摄像头采集的行人视频，每 10 帧（6000 张图）进行行人的位置（头肩矩形框）轨迹标注
超市监控视频数据	每月	2 万元	26 天的超市高清监控视频，对 15 个人标注 750 人次，标注了人员 ID、人员衣服 ID、摄像头 ID、出现时间
入侵监控视频数据	33 小时	15 万元	采集小区监控视频 100 段，标注行人和车辆外部轮廓
火焰视频数据	1 小时	2.2 万元	在工厂、大厅、房间等场景，用三星、海康、安迅士 3 台设备采集的火焰、烟雾、非火源（类火源）的高清视频

在现阶段制度与法规还不成熟的情况下，国内数据源还未形成完整成熟的生态与产业链。据国家工信安全中心测算数据，2020 年我国数据要素市场规模达到 545 亿元，“十三五”期间市场规模复合增速超过 30%；“十四五”期间，这一数值将突破 1749 亿元，整体上进入高速发展阶段。

从市场现状来看，国内有四大数据源主体：“互联网企业数据”“政府数据”“运营商数据”“行业数据”。

2. 互联网数据：自成一派，自产自用

我国的互联网企业，以 BAT 为代表，目前三家均掌握了 EB 规模以上的数据量（1EB 数据规模量数据相当于 50 万个中国国家图书馆的藏书总量），占到整个互联网数据流量的 70%—80%。其中，百度掌握着用户搜索行为的需求数据，阿里巴巴掌握着交易及信用数据，腾讯则掌握着社交关系数据。除去 BAT，一系列新兴的互联网公司都具备了海量的数据源（见表 3–4）。

表 3–4　国内外代表性互联网数据企业

类别			国内代表企业				国外代表企业
交易数据	金融	征信	人行增信	鹏元	上海资信	安融惠众	FICO
		泛金融	万得	同花顺	大智慧		彭博
	电商	B2B	阿里巴巴	焦点科技			Global source
		B2C	天猫	京东	苏宁		亚马逊
	消费 O2O		大众点评	美图			
	电子支付		银联支付	支付宝	财付通		PayPal
	物流		顺丰快递	中国邮政			UPS
交互数据	SNS		微信	新浪微博	QQ		脸书
	搜索引擎		百度	搜狗			谷歌
	其他		网页新闻	今日头条	优酷视频		维基百科

国内互联网企业通常自成体系，在拥有了海量的用户数据之后，开始着手开展各类分析工作，采用参股优秀企业或自主研发的方式全面介入数据行业，以支撑自身的电子商务、定向广告和影音娱乐等业务。与此同时，在互联网产业 O2O 的趋势下，互联网企业逐渐将业务延伸到金融、保险、生活、旅游、健康、教育等多个行业，一边丰富着行业数据的来源，一边在做着数据的挖掘和引导。这些企业本身拥有数据获取到处理变现的全能力，选择“关起门来自己玩”，除去与之战略合作的企业或子公司外，不会进行数据资源的共享。

3. 政府数据：开放的数据有限，需与政府紧密合作

通过“十二五”和“十三五”时期政府信息化的快速建设，我国政府的各数据信息平台或系统内已经积累了大量的数据，这些数据主要有以下几个特点：

（1）数据量大。政府数据包罗万象，涉及工商、税务、司法、交通、医疗、教育、通信、金融、地理、气象、房产、保险、农业等领域，仅北京政府的数据量就达到了几百 PB，接近阿里巴巴数据的体量。

（2）结构性强。数据虽然种类繁多，但是部门与部门之间关联性强、统计规格较为统一，便于应用处理（多为结构化统计数据，处理难度小）。

（3）政府的数据事关民生的各个方面，数据的利用价值比较高。

虽然我国政府一直提及开放数据源，但实际上数据的开放对全社会的冲击性是比较强的。最为典型的例子是，开放社保数据给阿里巴巴后，阿里巴巴迅速将社保数据进行变现，对医药和保险规则进行改写。因此，政府在这方面一直比较谨慎，不敢轻易开放过多数据源。

党的十九大以来，我国政府表明了对于信息共享、数据开放，以及推进数据和人工智能产业发展的坚定决心。在未来，伴随着数据开放与流通环节政策法规的出台，相信数据产业链会逐步兴起，形成一个比较完善的体系和生态。

4. 运营商数据：核心数据量惊人，缺乏核心开发能力

运营商是典型的“数据巨头”（见图 3–4），而且拥有更为核心的用户基础数据（年龄、性别、账单等）以及用户通信数据（位置、流量、语音等），这两个核心数据是一般企业无法比拟的。正是因为运营商能够掌控用户的核心数据，所以运营商存在能够掌控其他行业数据的可能性。运营商存在以下两个典型特征：

（1）存在去通道化诉求。带宽速率提升的同时，资费在不断下降。运营商面临增产不增收的困境，成为了典型的通道业务；但运营商本身技术研发能力是很弱的，无法把自身通信数据利用起来，但是却希望能够通过数据来帮助自身实现去通道化。

（2）运营商经费充足。每年有 5000 亿—6000 亿元的投资预算，其中软件的比重在逐步提升，围绕运营商，该领域会率先形成较为完善的数据应用与变现生态。

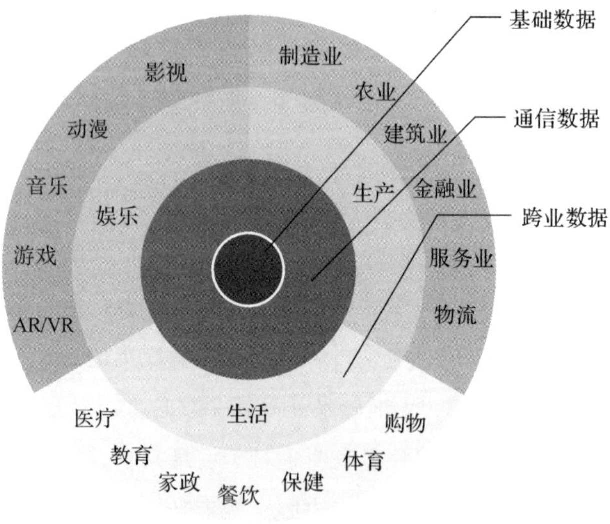

图 3–4　运营商数据分类

5. 行业数据：对于数据的意识逐步提升，数据存储量逐步提高

从行业的数据来看，企业的数据资源在不断增加，企业已经逐步意识到数据的重要性，开始增加自身对于数据的存储。金融数据的体量巨大，仅银联银行卡发行量就接近 67 亿张，每天有近 600 亿元的交易通过银联的银行卡进行，尽管单张卡片数据量不大，但汇总起来，依旧是一个非常庞大的数据量。目前国内银行和金融系统每年产生的数据也能达到数十 PB。国家电网建成世界最大电能计量自动化系统，能够保存下来的数据量也能达到近十 PB。同样，石油化工、智能水表等领域每年产生和保存下来的数据量也达到数十 PB 级别。这些数据还处在封闭体系内，没有进行合理的开发与应用，距离人工智能应用比较遥远（见表 3–5）。

表 3–5　数据源现状总结

数据源	归属	动力	逻辑
互联网大数据	互联网企业	应用动力强	“关起门来自己玩”
政府大数据	政府	应用动力强	逐步推广开放，但不会自己开发形成一批政务大数据服务企业
运营商大数据	运营商	应用动力强	运营商转型过程中必然围绕一批数据相关企业
行业大数据	行业企业	重视程度逐步提升，逐渐建立自身的数据源	不会很快兴起，是一个信息化逐步转向数据服务的过程，信息化企业未来几年将面临洗牌
各类新兴的物联网，智能终端			还未有成规模的数据源，但处在爆发期

（三）行业趋势

现在数据源仍处于产业生态形成初期，主要特征是垄断和新的数据孤岛。互联网大企业存在数据霸权主义，政府数据公开推进目标坚定，但过程异常艰难，行业和企业数据难以获得，灰色数据、灰色产业链和个人隐

私问题都非常突出。我国每年数据交易的市场是 500 亿元以上，95% 以上都是灰色数据链。要破解数据的魔咒，形成良好的产业环境与合理的商业模式，还需要在法律法规和产业生态两个方面去破局。

高额的数据标记成本以及神经网络隐含层数的增加，要求训练数据进一步加大，使得获取带标记数据所付出的代价高昂。许多领域受限于没有带标注的数据，所以无法运用机器学习，但是目前已有多种方法来降低对数据的依赖，开始取代高成本的数据标注，这些方法也是目前人工智能的前沿领域，代表了新的发展方向。

（1）无监督学习：从无标注的数据中学习，例如生成式对抗网络、对偶学习。根据微软亚洲研究院机器学习组的实验数据，把对偶学习运用到机器翻译中之后，只需用到原监督学习算法所需要的 10% 的标注数据（约 100 万英法双语句对），再加上许多未标注的数据，即可达到用原来 100% 标注数据（1200 万英法双语句对）训练模型所达到的准确度。通过运用无监督学习算法，可以将数据标注成本从 2200 万美元降低至 200 万美元，由此可以大大降低公司运营成本。

（2）迁移学习（也就是说，如果算法足够强大，大数据并非必需）：迁移学习就是把已训练好的模型参数迁移到新的模型来帮助新模型训练数据集。比如说一个已经学会如何把中文翻译成英文的机器翻译模型，再让这个模型用前面英语学习的方法类比着来学习如何把中文翻译成法文。迁移学习就是要帮助机器找到这种方法上的共性，让机器不用再从“0”开始学起，从而大大降低了对数据集的依赖。

（3）小样本学习：有一部分领域可获得的“有用”数据集较少并不是因为数据标记成本较高，而是因为产生的原始数据本来就很少，例如罕见病、小语种。小样本机器学习解决的就是，如何在样本数据很少的情况下让机器进行学习。

（4）自动生成数据：即让机器自己“造数据”。2017 年 3 月，MIT 发布了一篇论文，介绍了如何从数据库中建立机器学习模型（MIT 用的是“递归条件参数聚合”算法）来自动创建合成数据。而且 MIT 的测试数据显示，用这种方法造出来的“合成数据生成的组”与“真实数据生成的组”，在 15 个测试中，11 个没有表现出显著的性能差异。

从上述解决监督学习对海量数据集依赖程度的一系列方法中，我们可以发现一个特点——如果算法足够强大，那么大数据并非必需。所以，在目前以监督学习为机器学习主流算法的情况下，对训练数据的极度依赖实际上阻碍了整个行业的发展，最终还要靠算法上的进步来突破数据的“围墙”。

第四节　人工智能基础层（存储）

（一）市场地位

存储作为 IT 三大底层资源之一，在 IT 系统中发挥了重要的地位。首先，存储系统的稳定性将影响到整个业务系统的正常运营，存储系统如出现数据丢失、宕机，将对业务系统连续性产生致命影响；其次，存储系统的读取速度将决定数据存储与提取效率，直接影响业务系统的效率；最后，存储系统的扩展能力将决定整个业务系统的扩展性。

存储在未来人工智能时代的重要性，主要是通过数据的重要性来体现的。数据是人工智能发展的原材料，数据指数级的增长趋势带动了存储需求指数级的增长。根据 IDC 数据，2011—2020 年，全球数据量增长约 50 倍，非结构化数据占数据增量的 90% 以上，对存储提出了强烈需求。

（二）产业链与市场空间

存储行业企业的营利方式是销售软硬件产品，因此产业链相对简单清晰，“核心玩家”是存储软硬件生产厂商（见图 3-5）。

图 3-5　产业链

据 IDC 的预测，2020—2024 年中国企业级存储市场将保持 7.16% 的年复合增长率，到 2024 年中国企业级存储市场空间将达到 65.9 亿美元。随着数字经济时代数据的价值被进一步重视和挖掘，以及全闪存储、企业级内存为代表的下一代数据存储技术的应用和发展，各行业对存储系统的需求不断扩大，存储产业欣欣向荣，具有非常广阔的发展空间。

过去存储市场是外企产品的天下，以 EMC，IBM，NetAPP 为例，它们占据了国内大量的存储产品市场空间，但是在明确的去 IOE 政策鼓励下，国内存储产品得到了良好的支持和进步，性能与售价已经较国外产品有一定的竞争优势，在持续性地进行进口替代。国产产品的市场空间在持续扩大，目前国产渗透率为 60% 左右。除去传统的存储产品，目前行业内还涌现了大量新型的存储产品，处在高速成长期，这些存储产品扩大存储市场容量的同时在存储领域的市场占比也在不断提高。

（三）行业趋势

传统存储受限，分布式成为趋势。在过往数据量相对较少的时代，存储技术的迭代路径为 DAS–NAS–SAN。

（1）DAS(直接连接存储)：存储设备通过电缆直接连到服务器，将 I/O 请求直接发送到存储设备。

（2）NAS(网络连接存储)：采用独立于服务器的方式，存储就不再是服务器的附属，作为独立网络节点而由所有的网络用户共享。

（3）SAN（存储区域网络）：是一个用在服务器和存储资源之间的、专用的、高性能的网络体系。

以上三者是集中存储数据的模式，采用集中的存储服务器存放所有数据。但是伴随对于 IT 系统异地资源共享需求的提升，选取一个中间地点存放所有的数据的方案开始变得不可行，因为建设大规模单独存储网络的成本高，方案复杂。同时，受集中式机头性能限制，性能的线性扩张被限制，存储的总容量也被限制。而且，集中存放数据在安全性方面也存在一定隐患，存储系统重建时间长，进一步提高了数据丢失风险。

云计算、大数据时代的到来对存储空间的需求呈指数级上升，传统集中式存储解决方案无法快速响应动态增长的存储需求，分布式存储由此产生。分布式云存储系统有效提高海量数据存储效率，结合其创新的弹性云存储系统架构，采用了分布式存储技术和统一监控管理平台的大规模分布式云存储文件系统，将成为帮助各行业实现海量数据存储、容灾和备份的新模式。针对那些具有较大数据量和高并发访问的应用而言，大规模分布式云存储系统是一个能够提供海量存储空间，并支持灵活扩展、高性能访问的文件共享存储平台。全面适用于视频监控、流媒体、互联网等对数据存储和并发访问需求量较高的行业和用户。我们熟悉的“互联网玩家”，如七牛云、又拍云、AWS 的 EBS、青云的云硬盘和阿里云的盘古系统都是分布式云存储系统。云计算的兴起带动了分布式云存储系统的兴起与技术迭代，私有云的发展则为分布式云存储提供了高速增长的市场空间。

传统介质难以满足，闪存成为必然趋势。闪存市场的快速发展，是应用需求驱动的结果。移动设备、云服务、社交网络和大数据分析等都对存储的实时响应能力提出了较高的要求。要满足这些实时应用的需求，后台就需要有高效的计算、网络、存储能力。处理器和内存的性能近些年来基本上符合摩尔定律的预测，增长速度非常快。但是存储的读写性能相对于多核处理器、不断增长的网络速度来说，已然成为了系统的短板。传统硬盘读写性能低，依靠传统磁盘阵列的并行读取技术，虽然可以提高硬盘读写性能，但也是杯水车薪，硬盘一直是传统阵列响应速度的瓶颈。高速 SSD（闪存）的出现极大地提升了硬盘的 IOPS 和吞吐能力，一定程度上解决了数据存取效率低的问题。

根据存储行业统计，2016 年全球闪存迎来爆发，作为闪存原材料的 NAND 颗粒供不应求，价格上涨超过 20%，但依旧无法阻挡大势。全球闪存产品占存储产品的比例从 14% 增长至 25%。美国存储市场闪存产品的市场占比从 17% 增长到了 35%，一年实现了翻番。但是，我国闪存市场的份额仅有 6%，增速也很缓慢（国内研究报告统计为 3.88%）。这其中有几个原因：一是 IT 起步较晚，存储技术的发展滞后于国外 1—2 年，国内厂商 SSD 的成熟一体化解决方案还在验证阶段；二是去 IOE 主旨下，外资存储企业进入中国市场存在一定壁垒；三是国内企业级客户仍在教育过程之中。根据中国闪存市场 ChinaFlashMarket 对国内市场上固态硬盘、存储卡、U 盘、移动硬盘、内存条等进行的统计，2020 年我国在这几类产品类别中，渠道市场规模达 408 亿元。值得一提的是，在闪存领域，我国迈出了巨大的一步，就是开始进军存储介质。

近几年听到的中国存储崛起，其实是企业级存储或存储系统的进步与国产替代。但是机械盘，几乎全部进口于希捷与西部数据。存储器也几乎全部依赖进口。三星、SK 海力士、美光、东芝、西数（闪迪）五大巨头掌握了 95% 以上的全球份额。上文提及的企业级存储 200 亿—300 亿人民币 / 年的市场空间，是配套软件与系统的环节。而全球存储器的市场空间是 700 亿—800 亿美元 / 年。机械盘的市场空间也巨大。考虑到中国海量数据对存储有巨大的需求，国产存储介质已取得阶段性发展，降低了中国存储品牌对国外原厂的依赖。

（四）投资机会研判

从上文所述的存储行业趋势来看：

（1）传统存储：格局基本确定，技术与渠道上需要长期的积累，增速并不快，因此再进入的竞争者很少，目前主要看去 IOE 下的多余市场空间。

（2）分布式存储：市场空间尚小，主流路线确定；有 ceph 分布式存储开源代码及较为完善的社区，行业的准入门槛被降低；市场格局还未成熟，传统巨头也刚进入，用户的瓜分才刚刚开始，因此参与的竞争者较多，是值得投资的高速成长行业。

（3）闪存：处在市场起步初期，产品稳定性与使用效果至上。核心看产品的稳定运行时间与案例、海外订单的积累情况，是存储行业的大势所趋。

从存储行业的产业特点来看：存储行业注重稳定性，渠道依赖性强，初期打开市场难，但实施后客户黏性强；产品标准化程度高，具备较高的技术门槛与壁垒，规模效应明显。存储产品发展多年，国外企业已经在传统存储领域做到极致，国产化替代需重点考察其技术优势、性价比，以及技术源头；产品被市场验证，成功应用于客户 IT 系统后，需要考察客户的长期扩容需求。

第五节　人工智能基础层（通信）

（一）市场地位

通信网络作为三大 IT 资源之一，是人工智能发展的重要底层基础之一。人工智能应用所需要的海量数据不能全部部署在本地，本地—云端的通信需求就显得至关重要，而 4G 通信网络远远无法满足如此规模的数据量传输需求。5G 是目前处在爆发前期的人工智能产业的前提产业。

传统网络架构下，网络包控制与转发在网络通信设备内部进行。华为、思科、中兴等网络设备提供商均具有自身的命令行、web 页面，这种方式为通信设备提供商保留了良好的议价空间。运营商无法对网络通路进行潮汐化调整(因为“通路”不是标准化的，有的是山间小道，有的是大马路)，因此，传统网络使用效率只能达到 30%—40%。5G 通信网络的核心则是将网络的控制从通信设备中提取出来，对于转发平面进行统一控制，实现网络的有效管理。因此，这种把网络功能虚拟化的过程叫作 NFV，把虚拟网络进行柔性调配的过程叫作 SDN，因此 5G 核心路线即为 SDN/NFV（见图 3-6）。

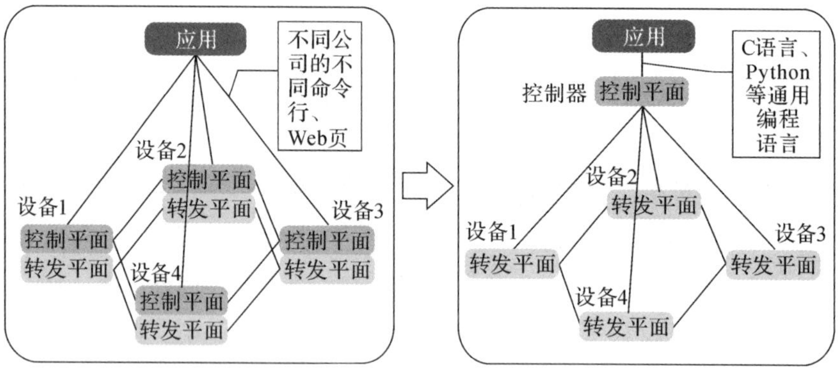

图 3-6　SDN 变革逻辑

在 5G 通信网络模式下，运营商取得了两个好处。一是对当前网络使用效率进行了优化。谷歌于 2013 年使用该技术建立了 B4 网络，使得传统的网络 30%—40% 的使用效率提升到了 80%。二是议价权重回运营商手中。传统模式下，基于各个厂商设备的专用性，运营商进行集体采购时议价权低。硬件设备厂商，如华为、思科，享受了超过 40% 的毛利率，远远高于其他硬件设备行业。而 5G 模式下，控制平面被提取出来，硬件设备的专有性大大减弱，附加值将明显下滑。即，"SDN 控制器 + 通信白盒子（只有通信功能的产品）"解决方案代替传统华为的通信设备。

（二）产业链与市场空间

从产业上游基站射频、光模块、整机等通信设备制造业，到中游网络建设、网络规划设计与维护，再到下游终端及应用场景，整个生态系统涉及基础网络设备商、无线网络提供商、移动虚拟网络提供商（MVNO）、网络规划 / 维护公司、应用服务提供商、终端用户等，他们都将享受 5G 带来的数十万亿元规模的经济红利（见图 3-7）。

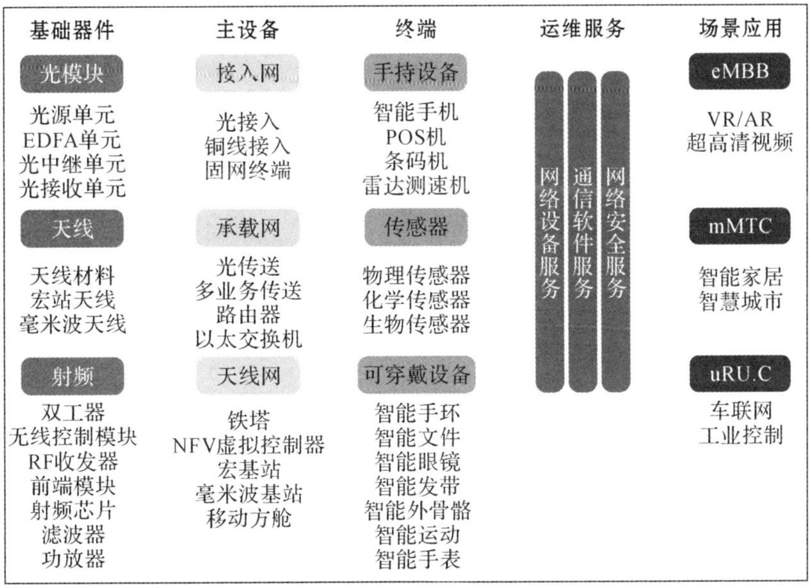

图 3-7　5G 产业链图

资料来源：赛迪顾问 . 5G 产业发展白皮书 , 2020.

（1）基站系统：包括天线、射频、小微基站等部分，产业链环节主要涵盖基站天线、射频模块、小微基站与室内分布等。

（2）网络架构：由于 SDN/NFV 的应用，核心网、传输网、承载网等架构将实行重构，其产业链环节主要包括通信网络设备及 SDN/NFV 解决方案、光纤光缆、光模块、网络规划优化和运维。

（3）应用场景：包括 VR/AR、车联网、增强移动宽带、工业互联网、远程医疗等各行业领域的渗透融合，其产业链环节主要为系统集成与行业解决方案、大数据应用、物联网平台解决方案、增值服务与行业应用等。

（4）终端设备：5G 时代的终端将不限于手机，其核心产业链环节为通信芯片、通信模块、天线和射频等部分。

工信部《2021 年通信业统计公报》显示，从基站数量看，截至 2021 年，我国累计建成并开通 5G 基站 142.5 万个，建成全球最大 5G 网，实现覆盖全国所有地级市城区、超过 98% 的县城城区和 80% 的乡镇镇区。5G 基站总量占全球 60% 以上，每万人 5G 基站数较 2020 年提高近 1 倍。预计到 2030 年，我国 5G 基站总数将达到 1500 万个，5G 基础设施累计直接投入将达到 4 万亿元。

赛迪顾问根据 2017 年国家投入产出表测算中国 5G 基础设施建设对经济活动增加值的带动情况，预测到 2030 年，由 5G 基础设施建设累计带动的 GDP 达 1.7 万亿元（见图 3–8）。

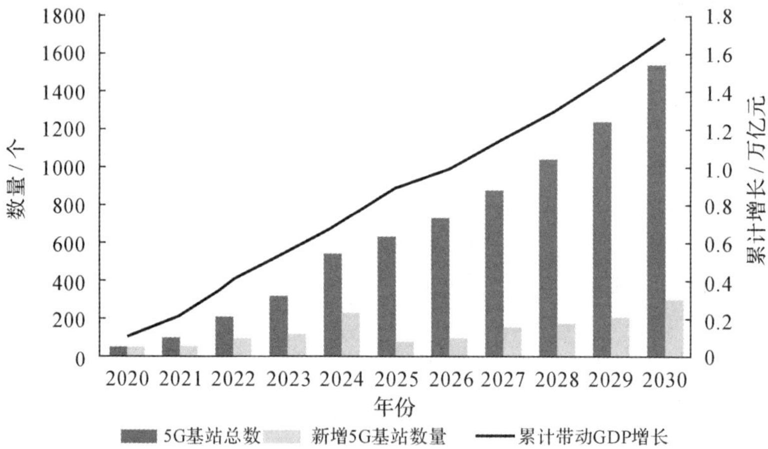

图 3–8　中国 5G 基础设施建设情况

资料来源：赛迪顾问 . 5G 产业发展白皮书 , 2020.

5G 网络与 4G 相比具有高传输、低延迟、广连接的显著特征。5G 技术具有跨界融合的天然属性，与新一代 ICT 技术、传统行业、新兴终端的融合，将促使未来产生更多新产业、新业态和新模式。2030 年 5G 将重点带动制造、交通运输、金融、教育、医疗五大领域增长。其中，5G 对制造业贡献最高，直接贡献规模将超过 5000 亿元；而在交通运输领域 5G 直接贡献规模将比 4G 时代高出 515%，这表明 5G 对交通运输业赋能更加明显（见图 3–9）。

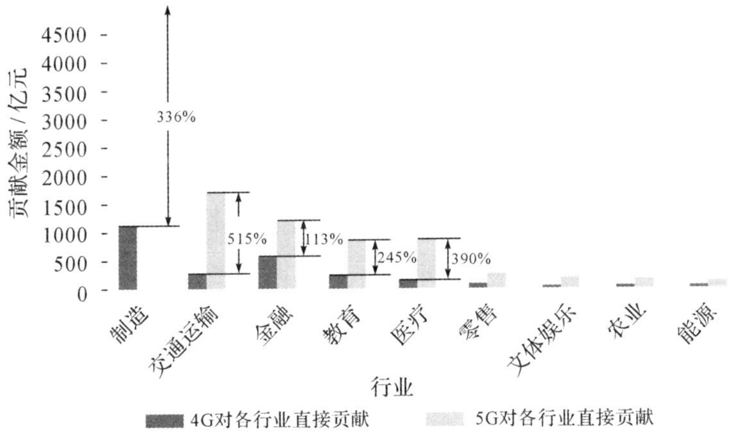

图 3-9 2030 年 4G 与 5G 通信对各行业直接贡献对比

资料来源：赛迪顾问 . 5G 产业发展白皮书 , 2020.

（三）行业趋势

1. 基站系统

大规模天线率先商用，小微基站与室内分布将成为新常态。基站是提供无线覆盖和信号收发的核心环节，包括基站主设备和室外天馈系统。由于 5G 高网络容量和全频谱接入需求，天线射频模块集成、大规模天线技术、小微基站和室内分布是基站系统演进的主要方向。天线射频模块集成即通过射频模块与基站天线集成 (如 RRU 与天线的集成) 大大简化站点部署，降低馈线复杂度，减少传输损耗，提升网络覆盖性能。大规模天线技术即通过在基站侧安装上百根天线，实现大量天线同时收发数据，并通过空间复用，极大提升系统容量，这是 5G 容量提升的核心技术。小微基站与室内分布即 5G 的全频谱接入。高频段密集组网将催生大量小微基站与室内分布，其将应用于人口密集区，覆盖大基站无法触及的末梢通信。 5G 网络建设中的小微基站和室内分布投资实现从无到有的发展。

2. 网络架构

重构新大脑、新躯体，通信网络设备及 SDN/NFV 最核心。SDN/NFV 是 5G 通信网络的核心，是将网络进行虚拟化，基于不同的场景和流量的不同要求，灵活地来组合不同的功能模块，分配资源以提升网络的弹性。可以控制用户层，以及用户层的划分，实现网络切片的目标架构。在国外，运营商于 2014 年已率先开始 SDN 技术的试商用化。中国三大运营商紧随其后，制定了规划与战略，明确 SDN 推进路线。从运营商整体规划来看，运营商会在边缘网络与部分其他细分领域 (例如：数据中心的 SDN 应用、各项应用的虚拟化等) 率先采用该技术，然后待解决方案成熟后向主干网推进，并预计在 2025 年用 SDN 网络替换 80%—90% 的传统网络。

（四）投资机会研判

5G 通信网络趋势与规划明确，是一个确定性的行业投资机会。

1. 信号接收端层面

小基站路线是核心路线。但是小基站的铺设会滞后于现有网络的柔性改造，是一个目前看来仍不会爆发的细分领域。

2. 网络结构层面

“SDN 控制器 + 通信白盒子（网络虚拟化产品）”的解决方案进入商用化部署，市场空间大。虚拟化的网络是 SDN 控制器能够柔性调配的前提，因此我们认为该阶段应投资于在 NFV 及 SDN 有技术积累的（尤其是在目前网关虚拟化、接入虚拟化等先发市场）、入选运营商试商用化的企业。

投资时可以参考运营商性能测试报告。运营商性能测试报告说明了两点。一是企业的技术已经入选了测试的门槛；二是企业与运营商的渠道关系已经打开。这两点对于未来分享 5G 万亿元的市场至关重要。

第六节　人工智能基础层（技术 & 算法）

（一）简介

开发机器学习模型的过程可分为两个阶段：训练阶段（training）和推理阶段（inference）。

训练阶段（training）又可以细分为三个步骤——第一步，开发人员需要定义一组函数，这一过程实际上就是在组建神经网络模型；第二步，开发人员把海量数据所组成的数据集（文字、图形、视频等各种形式的数据）输入到模型中，然后经过计算输出最终结果后将输出结果与预定的目标结果进行对比，这一过程也就是在训练上一步建好的模型，初步建成的模型所输出的结果和预定要达到的目标结果之间存在着误差，在第二步最后要定义一个总误差函数；第三步，计算并调整模型中的函数参数，使得第二步模型输出值与目标值之间的总误差函数值最小，使得总误差最小的参数集合将被选定为“最佳”函数的参数，参数选定后“最佳”函数也随之确定。

完成训练阶段的这三个步骤以后，还需要用训练数据集之外的其他数据测试“最佳”函数在遇到从未接触过的数据时其输出结果是否依然准确。如果输出结果是准确的，则说明训练阶段所得到的“最佳”函数是一个“学习”能力比较强的模型；如果输出结果不准确，说明机器只能识别自己“见”过的数据而不能识别出没见过的数据（即过拟合现象），机器还没有具备较好的学习能力，需要开发人员再返回修改模型及参数，直至测试结果准确为止。这也就是上面所提到的第二阶段——推理阶段（inference）。

（二）市场地位与现状

算法和技术是人工智能中间支持层，是人工智能发展的理论基础和框架支撑。

实际上，近几年的人工智能算法发展，主要聚焦在框架层与通用技术层。算法层的内容已经多年没有实现质的发展，各类人工智能的文献也没有提出创新性的思想（见表 3-6）。近几年来风靡的人工智能产业的卷积神经网络早在 1975 年就被提出，而在 1995 年被正式命名，又在 2012 年因 Hinton 团队 ImageNet 大赛夺冠而闻名，2016 年的 AlphaGo 更是将人工智能推上了高潮。之前没有盛行起来的原因是没有足够的计算量与数据量。因此本次人工智能浪潮，突破的是大数据。

表 3-6　人工智能通用技术算法

人工智能通用技术算法	
框架层	TensorFlow、Coffe、Ros 等框架或开源操作系统
算法层	机器学习，深度学习，增强学习等算法
通用技术层	语音识别，图像识别，NLP，Slam，传感器融合，路径规划等

在通用技术层，我们经常能听到例如商汤科技等学院派企业打破了世界纪录，其实是采用了 ImageNet 这样的公开数据集，主要目的是对算法进行性能测试，也没有什么商业价值。但目前国内大部分的学术研究与学院派企业都热衷于对原创模型进行修修补补，刷纪录或刷数据，其核心的门槛与壁垒是不高的。而企业、政府不会对外公开与其利益相关的数据。实际上，对产业界而言，人工智能技术在行业应用时一定要选择好特定的应用场景，算法则反而不是最重要的。

在框架平台层，我国深度学习算法框架在创新发展中持续取得突破，涌现出百度飞桨（PaddlePaddle）、旷视天元（MegEngine）、华为 MindSpore、计图（Jittor）等深度学习框架，以及小米 MACE、阿里 MNN、腾讯 NCNN、OPEN AI LAB（开放智能）Tengine 等一批推理引擎工具开源；国外，各个科技巨头收购 AI 技术型企业，同时也开放开发平台，其意图是明确的：

（1）吸引开发者，依靠数据优势保持领先性。在技术演进遇到瓶颈的时候，把已经开发好的基础技术平台开放给所有开发者，以其便捷性吸引大量开发者聚焦到自己的平台上共同演进。在商用化的过程中，平台级别企业依旧可以靠数据量的优势来战胜最初实现技术突破的企业，率先占据市场份额。

（2）通过平台对接生态段与硬件端，形成规模效应后进而积累丰富的平台数据。这是平台级大企业在演变过程中避免被颠覆的重要手段。如果企业具备了一定的实力，不采用开放式或开源的开发平台，会自主地自下而上进行人工智能平台技术的开发，或基于国外纯开源框架进行修改或重写，避免被平台巨头所钳制。

（三）行业现状与趋势

在当今开放生态环节下，依靠平台和算法技术的企业，还未形成成熟的商业模式。以市场走得比较靠前的人工智能企业思必驰为例，该企业授权语音识别模块，每一块收费仅 5—10 元，在当前市场的想象空间非常匮乏，不足以支撑企业发展所需的资金。即使向上拓展至 IC 芯片，把基础算法技术固化在硬件上，并且形成具有性价比的产品，其核心商业模式也只是从软件销售变为软硬件产品销售，产品附加值稍高一些。这种商业模式，非常依赖于人工智能市场环境是否已经启动。

从人工智能的发展史可以看出，未来人工智能基础算法的继续演进依赖于脑科学与神经科学。自然地，由于人类最重要的两个感官就是视觉和听觉，因此计算机视觉、语音识别与自然语言处理就成为目前应用领域最广、发展最快的三个分支。像人脸识别、视觉物体识别、交通标志识别在内的计算机视觉特定应用场景，其识别性能目前超过了人类水平，这是当前弱人工智能技术能迅速受到产业界关注并催生商业落地的根本原因。

总结起来：

（1）算法的演进对本次人工智能产业化的意义已经不大，语音识别、机器视觉、自然语言处理几项技术已经达到商业化要求，未来依靠成本（包含计算成本）的逐渐下滑与基础层硬件的补齐，人工智能技术将在各个场景落地开花。

（2）当前的人工智能是弱人工智能，依靠数据量与算力的革命，实现了商业化落地的可能性，未来基础算法进一步的突破有赖于脑科学与神经科学的研究与发展，届时人工智能将实现质的飞跃。

第七节　人工智能基础层总结

基础层各个领域的投资机会不是行业“从 0 到 1”兴起的机会，而是大数据与人工智能产业对基础资源提出极大需求的背景下，新技术取代旧技术形成的产业变革机遇。大数据与人工智能驱动 IT 基础层向着海量的数据存储、更快的数据传输、更高的计算能力演进，这个趋势是确定的；但与此同时，伴随着信息产业体量的增加、IT 基础整体投资的增速在逐步放缓，指数级增长的 IT 资源需求与稳健增长的基础投资增速之间出现了矛盾。对此，我们看到的趋势是存储、通信、计算等底层 IT 资源出现了逐年的降价、技术演进和迭代。

其进一步传导到行业内的企业，表现为：虽然处在景气周期内，但企业的研发压力大，如果没有掌握符合行业趋势的核心技术或在技术迭代过程中保持领先优势，往往就会成为一个低端的组装制造企业，在持续降价中面临生存压力。

第四章

AI应用场景层分析

随着人工智能技术加速渗透，消费级和企业级产品服务不断智能化升级，人工智能赋能至各种应用，且呈现出了加速趋势。对于已有产业，AI 使得现有的产品及服务的效率得到提升、成本得到极大控制（例如面向 C 端的智能投顾、面向 B 端的智能客服）；同时 AI 还在不断创造着增量市场，持续扩大人工智能自身的产业规模（例如 C 端自动驾驶、B 端无人机）。

我们认为自 2013 年以来的本轮人工智能浪潮与之前人工智能浪潮的最大区别就在于，人工智能已经可以通过为客户提升效率、降低成本产生现实的商业价值，并且与客户形成黏性，客户认可并愿意付费。这使得人工智能能够产生可持续发展的商业模式。

从技术角度可以划分如下。

1. 语音识别

该技术目前已经较为成熟，市场参与者众多，其中科大讯飞在国内的市场份额达到 40%。从语音识别的应用场景上看，大致分为三类：智能客服类、以基础应用嵌入在其他终端设备中（智能音箱、机器人）、安防类（声纹识别）。

语音识别作为一项基础技术在众多场景中得到应用，因此市场规模难以测算，但目前已经形成规模化应用的场景主要有两个：呼叫中心及在线教育（见图 4-1）。

在国内市场上，语音识别企业参与者众多，科大讯飞、百度、腾讯等均在此有所布局。然而，由于该行业市场规模在不断增长，技术仍在不断迭代，仍有新的存量市场来容纳创业企业。

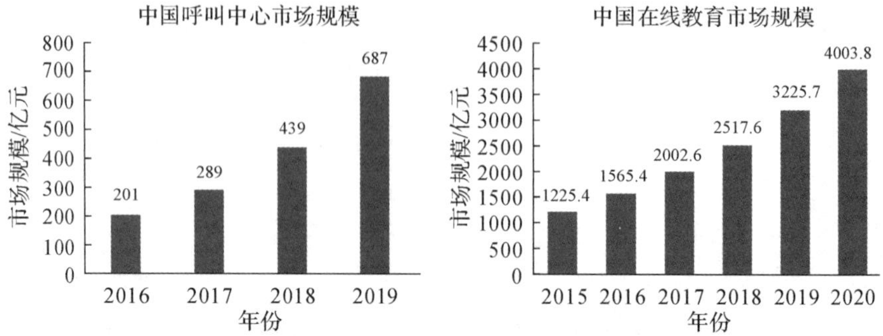

图 4–1　中国呼叫中心及在线教育市场规模

资料来源：前瞻产业研究院 . 中国呼叫中心产业市场前瞻与投资战略规划分析报告，2020.

2. 语义理解

单纯的语音识别实现的是“语音转化为文字”的功能，属于感知智能的范畴，主要解决人工智能“听得见”的问题，而语音识别必须要结合语义理解才能解决“听懂”的问题，并结合智能知识库等技术，实现解决人机交互的功能。语义理解属于认知智能的范畴。语义理解的主要技术是自然语言处理技术（NLP）。目前将语义理解应用在特定垂直领域，结合应用场景，其准确度可以实现大幅度提升，满足用户特定需求。对于通用领域，虽然国内外巨头，如谷歌、亚马逊、苹果、百度、阿里巴巴、腾讯等公司都有涉猎，但由于人类语言本身的复杂性和意图的复杂性，还较难满足人类在通用领域中进行准确人机交互的需求。

3. 机器视觉

在机器视觉领域，人工智能广泛用于安防监控、无人驾驶、机器人、医疗、教育等行业，主要解决目标识别、目标检测，以及目标追踪三类问题。从机器视觉的细分领域上看，各个细分领域的成熟度相差较大。在生物特征识别领域，如人脸识别、指纹识别、瞳孔识别，技术成熟度高，工业化程度高，广泛应用于安防和考勤。在物体和场景识别方面，静态物体的识别技术较为成熟，动态图像由于识别的物体种类繁杂，表现形态多样，识别难度较大，技术成熟度较低。

机器视觉作为一种人工智能基础技术应用，近两年表现出了巨大的市场潜力，其中人脸识别和视频监控作为机器视觉的重要领域，市场规模已达到近百亿美元级别（见图 4–2）。此外，无人驾驶、物流机器人领域也出现了众多的创业公司，这些企业主要集中在一些垂直细分领域，提供相应的视觉解决方案，如物流机器人、扫地机器人等。

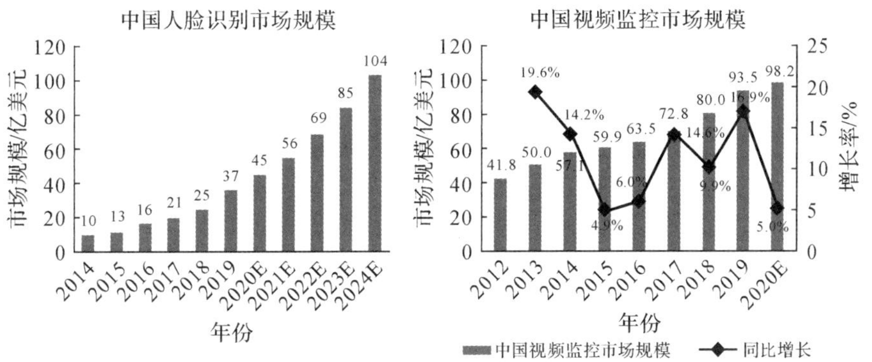

图 4–2　人脸识别及视觉监控市场规模

资料来源：前瞻产业研究院，人脸识别行业白皮书，2021.

得益于移动互联网的发展，我国目前拥有全球最多的活跃用户数量。这些用户积累和沉淀下来的海量数据，使得我国成为了 AI 应用的最大市场。根据腾讯研究院相关统计数据，我国 AI 产业应用层企业共有 304 家，而基础层企业仅为 14 家。下面将分别对 AI+ 金融、AI+ 医疗、AI+ 安防、AI+ 智能家居四个应用领域进行详细的介绍和分析。

第一节 AI+ 金融

（一）AI+ 金融行业概述

近两年来，Fintech 成为了炙手可热的创业和投资领域。按照国际金融稳定理事会（FSB）的定义，Fintech 是指通过互联网、大数据、云计算、人工智能、区块链等技术在金融领域的应用，重塑传统金融的业务运作模式和流程，并衍生出新的产品及服务，最终形成供给能力更充沛、经营成本更低廉、风控能力更强大、客户获取更便利、运转效率更便捷的全新金融生态。Fintech 是用技术手段对传统金融体系的重构，对人类社会的发展将产生深远的影响。

目前，国内 Fintech 领域最为活跃的三个技术方向是人工智能、大数据和区块链，其中人工智能技术是核心。人工智能通过强大的深度学习能力可以对大量的数据进行处理，寻找其中的关联性，从而发现完全靠人类的思维方式不能完全发现的数据价值，结合区块链等技术，可以大大防范风险，提高金融运营的效率。大数据技术是基础。只有通过大量数据的积累，才能为人工智能的应用提供源源不断的分析及学习素材。目前通过对大数据分析产生的数据主要应用在金融系统的风控领域，通过对客户全方位的信息收集和分析，解决了对小微企业和个人客户金融信贷领域风控的效率瓶颈。区块链技术的去中心化、共享性与不可篡改性，可以大大提高交易的效率，并且使得数据完全透明且可追溯，从而减少错误交易及非法交易出现的可能。

我们着重分析目前人工智能技术在金融领域的应用，以及可能存在的投资机会。《中华人民共和国国民经济和社会发展第十四个五年规划和 2035 年远景目标纲要》中指出，要健全具有高度适应性、竞争力、普惠性的现代金融体系，有序推进金融创新，稳妥发展金融科技，加快金融机构数字化转型，这标志着金融领域的科技创新与数字化建设将迈入多领域、深层次探索与实践的新阶段。从某种角度来看，金融系统是最能够与人工智能进行结合并产生价值的领域。金融领域已经被充分地数据化，为人工智能的应用提供了充分的数据基础。同时，金融体系内各个分支领域界限相对明确，银行、证券、保险等业务相对独立，便于人工智能在垂直领域中进行应用，这也使得人工智能与金融领域的结合最能够产生直接的成果。

银保监会在 2019 年 12 月发布的《关于推动银行业和保险业高质量发展的指导意见》中提出，既要充分利用人工智能强化业务管理、改进服务质量、降本增效方面的能力，同时要发挥人工智能在打击非法集资、反洗钱、反欺诈等方面的积极作用。中国证券业协会在 2020 年工作要点中指出，要大力推进人工智能技术在投行业务领域的应用研究，同时要针对新冠肺炎疫情常态化制定保荐承销机构远程工作标准。

一般认为，人工智能包括了三个层面的智能：计算智能、感知智能和认知智能。计算智能使得机器能够像人类一样进行计算，诸如神经网络和遗传算法的出现，使得机器能够更高效、快速处理海量的数据；感知智能能让机器听懂我们的语言、看懂世界万物，语音和视觉识别就属于这一范畴，这些技术能够更好地辅助人类高效地完成任务；认知智能是机器能够主动思考、作出决策、实施行为并收集反馈，实现全面辅助甚至替代人类工作。人工智能与金融的结合就是将上述三个层面的技术与金融的各个业务板块进行结合的过程。

人工智能在金融行业的技术应用，主要从基础层、通用层和应用层发挥赋能效应。基础层主要为算法模型提供基础计算资源和基础设施，为业务高效落地提供支撑。通用层充分利用智能感知认知技术，解决传统金融业务场景的痛点。应用层将智能技术与业务需求充分融合，衍生出智能营销、智能投顾和智能理赔等典型智能金融场景。从技术价值来看，深度融合金融业务场景的人工智能技术正逐步解决行业痛点问题，在实现业务流程自动化、弥合信息差、构建普惠金融方面发挥着关键作用，当下已经在获取增量业务、降低风险成本、改善运营成本、提升客户满意度方面进入了价值创造阶段。目前，人工智能已应用到金融领域最为炙手可热的领域，包括智能客服、智能征信和反欺诈、智能投顾这三个领域，在各个领域中也出现了一批代表性的企业。

（二）AI+ 金融智能客服

客服在各个行业中都扮演着越来越重要的角色。消费者对于消费体验要求的提升以及交互方式的丰富，给客服业务带来了更高的要求。在金融行业也是如此，客服部门在其中扮演着重要的角色，是金融企业提升客户满意度，展示企业形象非常重要的部门。随着微信公众号、App、网页等沟通渠道的发展，以及客户交付习惯的改变，客户不再局限于通过呼叫中心与企业进行交互，而是可以通过更加便捷的在线交互的方式与企业互动，从而使得交互数量大大增加。为维持客户满意度，各个企业都要投入大量成本。而客服工作人员普遍存在着工作简单重复、压力大、收入一般、升迁渠道有限等现实问题。而对于企业来说，客服部门往往又是重要的成本中心，较难直接产生收益。上述原因造成客户服务成为各个行业的业务痛点。金融机构往往对客户服务有着更高的要求，因此客户满意度是金融机构的核心竞争力之一，上述痛点也更加明显。

据了解，目前招商银行仅信用卡中心，每天除呼叫中心以外的在线客服交互量就达到了 200 万次左右，如果采用人工客服来提供服务，每年可能需要增加数亿元的成本。以智能客服为例，小 i 机器人从 2008 年就开始帮助金融、电信运营商以及政府等客户构建智能客服机器人，帮助客户节省了大量的人力成本，提高了客户的服务效率，为客户创造了巨大的价值（见图 4–3）。

图 4-3　小 i 智能客服机器人的逻辑结构

基于人工智能在自然语言理解以及智能知识库方面的技术，智能客服机器人可以通过各种交互渠道以平常口语化的表达理解客户提出的客服问题，并基于智能知识库对客户的问题进行及时准确的答案搜索，并通过自然语言的方式进行回复。由于智能客服机器人的知识库相较于人工客服更加强大，而且不会存在遗忘、情绪等问题，所以会给客户更加高效、准确、专业的客服体验。

智能客服机器人也被称为虚拟客户助理（VCA），由于其服务的是商业客户，要求其回复必须准确而高效，所以智能客服机器人除应当具备优秀的自然语言理解技术能力作为基础之外，还需要对客户所处的行业知识和客户自身的业务知识和流程有深入的了解，并通过智能知识库和搜索技术对这些知识进行整理并结构化，从而可以高效支撑智能客户服务的需求。仅仅拥有自然语言理解的基础能力，但是没有对垂直行业的深入理解，并不能完全胜任智能客服的业务需求。

目前，以智臻智能网络科技有限公司（又称小 i 机器人）为代表的优秀人工智能企业，已经为金融行业提供了成熟的智能客服解决方案，并获得了良好的应用效果。2012 年小 i 机器人在上海第一中级人民法院对苹果公司提起诉讼，指控苹果公司的语音识别技术侵犯了其专利。2020 年 6 月 28 日，最高人民法院认定小 i 机器人的专利有效，Siri 的技术方案落入了小 i 机器人 ZL200410053749.9 号专利权利要求的保护范围。于是在 2020 年 8 月 3 日，该公司在上海高级人民法院对苹果公司提起了第二次诉讼，要求赔偿 100 亿元（14 亿美元），并要求苹果公司停止“制造、使用、承诺销售、销售和进口”侵犯该专利的产品。

招行信用卡中心，每天 200 万次在线客户交互中，通过小 i 提供的智能客服系统可以直接回复其中 95% 的问题，问题的解决率可以超过 99%，大大提升了招行的客户服务效率，节省了大量的成本。越来越多的金融企业也开始选择使用智能客服，来作为原有人工客服系统的补充或部分替代。全球知名咨询机构 Gartner 显示，在 2020 年，85% 的客户服务工作是由人工智能来完成的，这是一个快速增长的市场领域。

我们看到，除小 i 机器人之外，目前也出现了很多基于 SaaS 平台为各个行业提供智能客服产品的创业企业，如环信、智齿等，以及像网易七鱼等依托传统互联网企业的智能客服解决方案提供商。这一方面反映了目前智能客服市场快速增长的需求，另一方面也增强了市场的竞争程度。智能客服解决方案提供商要通过增强核心技术实力，深挖细分市场，深入了解客户，提升核心竞争力。我们认为，以通用的智能客服系统服务于各个行业中的企业用户，如果对客户业务没有深入的理解，将很难为 2B 端客户提供优质的客户服务。未来智能客服企业之间的竞争是将智能客服相关技术与垂直领域深度结合，应用到细分垂直领域当中的综合能力的竞争。

优秀的人工智能企业已经可以将语音解决方案与智能客服系统结合起来，提供客服呼叫中心的智能语音导航服务，大大提高电话客服的效率和体验；也可以将智能客服系统与服务机器人结合起来，为服务机器人赋予智能知识库和人机交互能力，为客户提供面对面的服务。

我们认为，未来智能客服将成为人工智能企业与 2B 端客户建立服务关系的切入点。长远看，人工智能企业应当努力成为 2B 端客户人工智能技术的综合方案提供商。智能客服系统的核心技术基础是自然语言理解，而自然语言理解是人工智能技术中皇冠上的明珠。由于人类语言的复杂性，要解决好自然语言理解的问题，需要综合运用好人工智能领域中包括神经网络、深度学习、机器学习、监督学习在内的综合人工智能技术手段，所以，一般认为拥有较强自然语言理解技术能力的企业可以更容易地将其拥有的人工智能相关技术手段应用到其他领域，包括图像识别、大数据分析等，为客户提供更加多元的解决方案。我们看好人工智能企业通过智能客服作为业务的切入口，基于与客户形成的黏性，未来为客户提供包括内部员工智能服务、内部企业管理以及客服过程中营销等多种可能的新业务模式的发展空间。

结合语音识别和语音合成技术，客户可以通过电话或者语音留言的方式来提出问题，并且由智能客服以语音的方式作出回复。智能客服机器人也可以和服务机器人硬件结合起来，通过赋予服务机器人在某个领域中的专业知识，来完成面对面的客户服务。未来，每一家金融机构都会建设一个人工智能“大脑”，由这个大脑统一管理包括内部管理、内部资源协调、业务流程管理以及客户服务的所有业务流程，使得金融机构内部标准化、程序化的工作流程效率更高，更好地服务更多客户。能够为金融机构提供整体解决方案的人工智能类企业存在较大的发展空间。

（三）AI+ 金融风控

金融体系是以信用体系为基础的。自 2020 年 7 月以来，中国人寿财险利用反欺诈风险识别模型，共识别出欺诈案件 4400 余件，共挽回欺诈金额 2 亿余元，有效提高了理赔风险控制能力。服务于国家精准金融决策和金融风险防控需求，平安集团针对企业信贷和投资风控，打造了基于企业知识图谱的投资信贷风控系统，覆盖全国近 1 亿企业和个体工商户，全面涵盖静态、动态及关系网络等信息，并构建债券违约、财务造假等模型，监控过万亿债券等资产，投产后仅违约债券成功预警达 2700 亿元。

但是，由于我国传统的征信体系主要由政府主导，所以征信数据的覆盖范围相对有限。据报道，央行的征信数据仅覆盖 3.8 亿人，主要来自信用卡数据、车贷信息、房贷信息等，还有大量的人口没有征信数据，这大大影响了他们享受传统的金融机构提供的服务。同时，还有大量的小微企业没有征信数据。如何解决这部分人和小微企业的征信数据收集问题，成为打开这个巨大市场空间的关键。

互联网、移动互联网以及电商的发展，为获取小微企业和个人多维度数据提供了可能。运用人工智能的技术手段和工具对这些大数据分析，可以更好地对小微企业和个人进行较为全面的数字画像，并按照一定的规则计算出该主体的信用评分，作为传统金融机构、小贷公司和消费金融公司开展业务的重要依据，从而可以让之前无法享受金融服务的主体享受到普惠金融带来的便利。比如，九章云极推出的 DataCanvas DAT 自动机器学习工具，主要基于自动机器学习建模，预测现有小企业存量客户中有较大风险的客户名单，实现风险提前预警和告警止损，全面实现小微企业信贷业务的信贷风险管理。

此类智能风控领域的公司核心竞争力，在于场景、数据及算法的结合。在智能风控领域的人工智能创业公司都在努力开辟独特的数据获取渠道，尽可能合规而全面地获取目标对象的数据，并利用深度学习、机器学习等人工智能技术，对相关的数据进行分析，发现对确认目标对象有价值的数据信息，并按照一定的规则进行计算，确定该目标对象的综合信用评分。拥有独特的数据来源和数据分析能力，成为该领域企业的核心竞争力。该领域企业可收集的用于分析目标对象信用的数据渠道非常广泛，包括电商、运营商、社交媒体、金融机构、公积金管理部门、社保、工商登记信息、司法信息等渠道，而且数据收集的精度很高，比如对电商购物的信息收集，会收集到长期购物习惯和短期购物场景，其中长期购物习惯包括消费能力、消费风格、产品类型等；短期购物场景包括最近采购的某种产品的档次及特征，以判断客户的消费能力；社交关系的数据，主要包括目标对象关注的社交媒体主体、粉丝数、口碑情况以及所在的社交圈的综合情况等。通过分析收集的大量信息，能够给目标对象一个全面的信用评分。同时，随着数据量的积累，这种评分更为全面真实，比传统的征信评分更能反映目标对象的真实信用情况，以作为金融机构向目标客户提供金融服务的重要依据。同时，通过将大数据、人工智能与风险管理深度结合，打破信息孤岛，深度挖掘数据之间的关联，可以同时解决信贷风险与反欺诈风险。

该领域公司主要的业务模式，分为 2B 和 2C 两类。其中 2B，是指为 B 端客户，主要是中小银行、小额贷款公司和消费信贷公司提供目标对象的信用评分，根据出具的信用评分的数量收取费用。例如，国内领先的第三方智能风控服务商同盾科技，目前已经向超过 7000 家机构提供智能风控管理服务，客户覆盖银行、保险、券商、理财、电商、游戏、社交网络等领域，形成了数据的生态体系。2C 业务是直接基于目标对象的信用评分，为客户提供消费贷款和小额贷款，获取利息及服务费收入。

以 2B 模式开展业务的公司监管风险较小，是可持续的业务模式。但是，市场上也存在着对智能风控业务的质疑之声，主要是认为目前的大数据风控技术的形式远大于内容，尤其是依据非信贷交易数据来判断个人信用的好坏，到现在也没有强有力的证据来证明其有效性。所以，目前大数据风控主要被应用于几千元的小微借贷，对于 5 万元到 10 万元级别的信用借贷还不敢完全信赖该技术。很多公司号称自己做大数据征信，但他们这种征信的实际价值很小。因为大数据征信的效果需要时间积累，其风控模型也需要不断的检验和调整，之后才能得到相对较好的效果。但是，我们相信智能风控企业能不断积累数据，不断迭代算法，以实实在在的应用效果来解决市场上用户的质疑。

我们认为，直接利用智能风控技术开展 2C 业务的企业存在一定的监管风险。根据我国监管规定，经营存贷业务需要申请相应的资质，如互联网金融牌照、小额贷款业务牌照或消费贷款业务牌照。如果在没有获取这些牌照的情况下，直接依托通过人工智能对客户大量数据分析而获得的信用画像提供融资服务，则属于违规经营，如果涉及通过吸收民众资金而提供借款服务还可能触及非法集资的红线。目前，出现一些以智能风控为概念、实则开展现金贷业务的企业，其本质上并不依靠智能风控来防范风险，而是通过高额利息和服务费来覆盖高比例坏账。由于我国的消费融资需求旺盛，目前这类企业在短期之内获取着高额收益。从趣店上市之后引起市场对其业务模式的关注，就可见一斑。在这个领域当中，具备投资价值的是拥有独特的信息收集维度，拥有先进算法能够对大数据进行处理，而且已经获得 B 端客户认可，并证明其实际效果的智能风控类标的。

（四）AI+ 智能投顾

智能投顾是将人工智能与金融结合的另一个火热领域。智能投顾作为一种新兴投资模式，近年来在美国市场快速崛起。2010 年前后，智能投顾公司 Betterment、Personal Capital 和 Wealthfront 相继成立。截至 2021 年 10 月，这 3 家公司资产管理规模分别达到 320 亿美元、220 亿美元及 280 亿美元。2014 年，Vanguard 推出旗下个人智能投顾平台 VPAS。证券和银行也推出了数字服务平台、智能投顾普及开来，使美国的投顾服务从高净值客户拓展到下沉市场。世界知名咨询公司 A.T. Kearney 预测，美国智能投顾行业的资产管理规模将从 2016 年的 3000 亿美元增长至 2025 年的 3 万亿美元，年均复合增长率将达到 70%。全球涌现出不少知名的智能投顾平台，如 Wealthfront、Betterment、Personal Capital、Schwab Intelligent Portfolio 等。

智能投顾的理论基础是马克维茨的投资理论。投资者的投资组合选择可以简化为平衡两个因素，即“投资组合的期望回报”及其“方差”。以方差衡量风险，可通过分散化降低风险。给定投资者的风险偏好和相关资产的收益与方差，最优投资组合有唯一解。利用人工智能的计算能力，通过调查问卷等对投资者进行快速的财富画像，确定投资者的风险偏好等级，然后根据一定的算法为投资者自动实现最优资产配置。

智能投顾将人工智能具备的强大数据分析能力、深度学习及分析能力应用于投资分析领域，基于强大的自然语言理解能力、数据分析能力，大量地、不知疲惫地分析投资市场的公司定期报告、财务数据、市场传闻等信息，其信息获取和分析的效率和范围远远超过人类投资顾问的能力。相较于人工投顾，智能投顾有自动化、个性化和费率低的特点。在人工智能技术的加持下，智能投顾建立起了融合投资分析算法和投后自动化管理为一体的模型，只要获取客户的投资偏好就可以帮助客户获得一套定制化的、兼顾主被动投资策略的投资组合，实现投资管理自动化，且几乎不需要人工干预。在大量数据分析基础上作出的投资决策，其准确性超越人类投资顾问，这丝毫也不应该令人感到惊奇。据报道，2017 年 10 月 18 日，EquBot LLC、ETF Managers Group 共同推出的全球第一只应用人工智能、机器学习进行投资的 ETF——AI Powered Equity ETF，设立短短几天就已经展现出超越指数跟踪性 ETF 基金和人类选股基金的投资收益，令全球投资管理行业一片震惊。然而，该基金后续的表现并不尽如人意，甚至出现收益一度低于标普 500 和罗素 2000 指数的情况。考虑到 AI 能够获取或分析的数据覆盖范围是远远超过人类分析师的，而且该类基金的管理成本可以远远低于普通 ETF 的水平，我们长期仍然看好智能投顾的发展。

与此同时，智能投顾可以根据个人投资者提供的风险承受水平、收益目标以及风格偏好等个性化要求，运用一系列智能算法及投资组合优化等理论模型，高效率、平等地为大量普通用户提供最终的投资参考，并根据市场的动态对资产配置再平衡提供建议。而这在智能投顾出现之前，是属于只能由人类投资顾问向高净值客户提供的高附加值服务。智能投顾的出现，暴露出了传统财富管理存在的缺陷：一是覆盖的用户有限，管理收费较高，主要面对小部分的机构投资者或高净值客户；二是资源配置效率低，获客成本较高；三是理财顾问能力参差不齐，知识结构单一；四是传统投顾服务有较高的道德风险，大部分理财经理不希望客户长线持有单一的理财产品，以免佣金收入下降。

智能投顾的根本意义在于，通过人工智能的方式扩大了金融服务的覆盖范围，降低了服务成本，把理财顾问服务和好的理财产品带给传统金融模式无法覆盖的广大人群。因此与创业公司从无到有不同，智能投顾业务对于基金公司的意义，更多在于服务方式的改变。而传统投资机构应用智能投顾也将改变其原有提供服务的方式，开拓新的成长空间。招商证券的报告指出，典型的智能投顾服务过程主要包含以下步骤：

（1）客户画像：系统通过问卷调查评价客户的风险承受能力和投资目标；

（2）投资组合配置：系统根据用户风险偏好从备选资产池中推荐个性化的投资组合；

（3）客户资金托管：客户资金转入第三方托管；

（4）交易执行：系统代理客户发出交易指令，买卖资产；

（5）投资组合再平衡：用户定期检测资产组合，平台根据市场情况和用户需求变化实时监测及调仓；

（6）平台收取相应管理费。

我们认为无论在国内还是在国外，智能投顾将是未来标准产品交易的主要方式，人类投资顾问会在与智能投顾的较量中败下阵来。但是，对于非标交易标的的投资，人类投资顾问在相当长一段时间内还会具有优势。未来市场交易对手之间的较量，极有可能成为智能投顾与智能投顾之间的较量，而且会造成赢者通吃的局面。

目前我国的智能投顾还属于发展的早期，而且由于我国特有的一些市场情况，智能投顾能够发挥的作用相对有限。国内已有十多家互联网金融平台及金融科技公司推出了智能投顾业务，当然，这其中不乏部分打着“智能投顾”旗号的 P2P 平台在滥竽充数。在拥有智能投顾的企业中，需要重点关注未经注册且未取得相应的业务牌照，而违规开展公募基金募集销售活动的违规行为。

目前市场上主要有三类智能投顾公司：一是弥财、蓝海智投等创业公司。这类企业在起步时往往希望以开拓 C 端客户而开拓一片蓝海，但是在实际业务拓展过程中会遇到中国证券市场投资人投资习惯以及获客等方面的难题，因此都在将业务模式逐步从 2C 转向 2B，以通过向 B 端客户提供智能投资意见收取服务费。二是宜信、积木盒子等以前主营 P2P 的互联网金融公司。他们依托智能投顾为客户提供多元化的投资选择。三是传统金融机构。他们通过向特定客户提供智能投顾服务，或者人工投资与智能投顾结合的方式为客户提供服务。

我们认为，对于智能投资类的企业，其核心能力是在我国特定的金融市场环境下，获得持续稳定投资收益的能力。首先，智能投顾平台需要有很强的投资能力与资产配置能力。无论是人工投顾还是智能投顾，能够为客户降低投资风险、稳定获取投资收益都是其核心竞争力。在我国特定市场环境下，我国可供交易的标的资产和风险对冲手段相对有限。而且，我国金融市场由于发展时间较短，能够获取的精确到秒级的交易历史数据比较有限。如何通过对中国市场相对有限的信息分析，并结合可能对市场走势发生影响的事件分析，确定准确的投资策略，是对中国智能投顾企业的考验。

其次，智能投顾平台也需要有强大的运用人工智能、大数据、云计算等高新信息技术的能力。其中包括通过上述技术对市场相关信息进行分析，发现关联性，从而为投资人建立个性化投资方案的能力，也包括运用人工智能的工具为客户提供良好的交互及客户服务的能力。

智能投顾必将成为未来市场投资顾问的主力，并将极大改变现有的资产管理产业格局。具有核心的技术能力，能够在中国特定市场条件下，经过时间的检验，持续为客户获取稳定投资收益的智能投顾将成为最终的胜利者。而且，我们也关注不同智能投顾在细分领域的专业能力。能够在智能投顾较量中最终获得胜利的智能投顾才会是市场最终赢家。人工智能与金融的结合，将大大降低金融资源的获取难度，提高传统金融体系的运作效率，创造普惠金融的美好未来。

（五）AI+ 金融投资逻辑

在筛选 AI+ 金融领域的投资标的时，要综合技术、数据来源、应用场景以及客户满意度等角度进行综合的判断。首先，标的公司要拥有综合的人工智能算法技术能力和密切跟踪人工智能技术演进方向的能力。无论是聚焦在金融领域的自然语言处理、人机交互、大数据风控还是智能投顾领域，都需要标的公司拥有能够满足将人工智能应用在各个垂直场景中的算法能力，需要能够紧跟人工智能技术发展的趋势，并将最新的技术成果应用到具体的应用场景当中。

其次，相对于算法来说，丰富的数据和多维度的数据，是 AI+ 金融领域标的企业更加核心的竞争壁垒。仅仅具备算法的能力，但没有足够的数据对模型进行训练和调优，是无法解决现实应用场景中的问题的。比如，只有积累足够多的交互数据，智能客服的语言理解能力才会越来越强；只有拥有大量的多维度的征信数据，才能发现传统方式下无法发现的信贷风险和欺诈风险。

最后，我们认为标的企业的技术应该已经获得客户的认可，并且在客户迫切需求的商业场景中获得应用并带来明确的经济效益。能够为金融领域的 B 端和 C 端客户创造真实的收益，并且能够获得客户的持续付费，是判断 AI+ 金融类企业技术实力与业务模式可持续性的重要标准。

现在的主要问题是，头部金融机构已经完成主流人工智能技术落地应用，从业务场景到组织架构已完成全面智能化转型。然而，许多中小机构相较于头部机构在智能化转型过程中面临着资金、人才、技术和数据等方面的限制，无法全面建设智能金融生态体系。同时，受业务规模所限，中小金融机构在引入人工智能技术的初期，对数据化业务和流程自动化方面的提升感知不强，进而可能会放弃或减少投资人工智能技术。

第二节 AI+ 医疗

（一）AI+ 医疗行业概述

由于我国优质医疗资源稀缺，国家试图通过分级诊疗引导医疗资源的合理配置和有效利用，这对基层医疗服务质量提出较高的要求。基层医疗资源尤其是医生的服务能力亟待提升。与互联网 + 医疗不同，AI+ 医疗通过赋能的方式帮助医生提升诊断和治疗的能力，从而提升基层医疗服务水平，推动医疗资源合理有效配置。

AI+ 医疗存在多个应用场景，其中通过医疗影像识别技术帮助医生筛查病灶的成熟度相对较高，以此为基础的辅助诊疗服务也有一定的发展；以现有医疗 IT 体系为基础发展起来的医疗大数据体系有望对整个医疗行业提供支持；而通过 AI 技术为个人提供健康管理服务仍处于发展早期阶段。

我国医疗的核心矛盾是以医生为核心的医疗资源供给远远不能满足患者快速增长的需求。我国医疗制度的特点以及优质医生较长的培养周期，造成医疗资源不断向大中城市集中。出于对健康的追求，患者本能地寻找最优质的医疗资源，这导致优秀医生永远人满为患。基层医疗机构的服务水平长期无法得到改善，既限制了基层医生的成长，又降低了医疗系统的运作效率，间接推升了医疗费用整体支出。

为解决我国医疗领域的矛盾，国务院于 2015 年提出推动分级诊疗的指导意见，强调了基层医疗服务体系的重要性，通过“基层首诊、双向转诊、急慢分治、上下联动”的措施引导医疗资源的合理配置和有效利用，并设立了“2017 年政策体系逐步完善，2020 年分级诊疗服务能力全面提升”的目标。

在国家推动分级诊疗发展的大背景下，提升基层医疗服务水平，降低医生尤其是基层医生的误诊率，提升他们的工作效率，成为我国医疗发展的当务之急。

随着 AI 热潮的快速升温，互联网 + 医疗逐步被 AI+ 医疗替代。在互联网 + 医疗时代，无论是互联网问诊平台还是互联网线下诊所，都在争夺对顶尖医生资源进行再分配的权力。这种方式虽然推动了医疗资源的市场化，但无法解决基层医疗需求。而 AI 将以赋能的方式辅助医生诊疗，远期有望形成以 AI 为核心医疗资源的独立诊断能力。基于图像识别技术辅助诊断工具是目前发展最为成熟的 AI+ 医疗形式，为医生提供了高效可靠的影像识别和判读，充分发挥了 AI 替代人类进行重复性劳动的巨大优势。由此可见，AI 与医疗的结合，有望真正提升基层医疗资源的服务水平。

AI 在影像识别、大数据分析和自然语言理解方面已经进入商业化阶段（见图 4–4）。AI 与医疗的结合也围绕这三个解决方案展开，通过提供标准化的产品或供给，提升医生的诊断和治疗能力及效率，从而为患者创造价值。

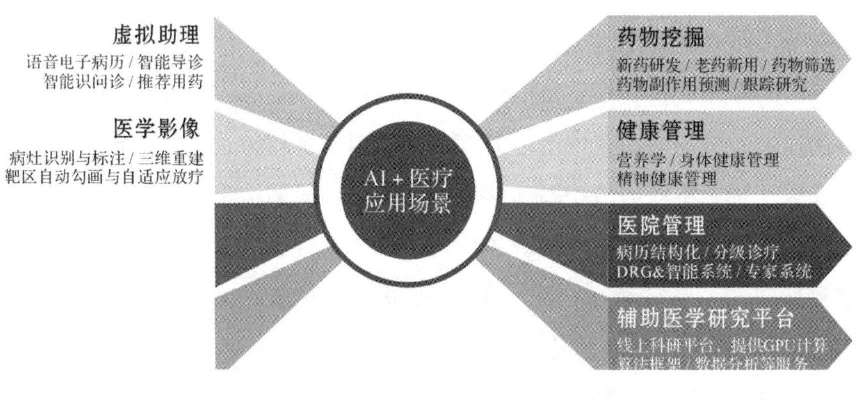

图 4–4　AI+ 医疗应用领域

AI+ 医疗现存多个应用场景，本章分析的重点是医疗影像识别、辅助诊疗和健康管理。前两个消费场景以 B 端客户为主，后者则是最接近个人消费者的应用场景。

（二）AI+ 医疗影像

医疗影像领域的创业公司主要集中在癌症以及其他对影像筛查较为依赖的细分领域，基于深度学习的影像识别技术为医生提供辅助诊断工具。影像识别辅助诊断工具从两方面推动我国医疗行业发展：第一，辅助诊断工具的看图 / 读图能力和效率，大大提升了医生（尤其是基层医生）的医疗水平和服务能力；第二，辅助诊断工具降低了病灶被忽略的可能，提升对重大疾病早期诊断的能力，有望降低患者的痛苦，提升疾病治愈的概率。

但医疗影像识别目前还存在较大的发展瓶颈，主要原因有以下几点：

第一，从适用范围上来看，目前的医疗影像识别无法进行判断逻辑，且只能识别某一种病灶，大大限制了临床应用。同时，医疗影像识别被卫生部明确定位为辅助诊疗手段，这意味着现阶段依然由医生作诊断。目前的创业公司大多集中在疾病筛查阶段，主要通过读片以判断是否患病，这虽然能够减轻医生的工作量，也能提高医生的诊断准确率，但对于医疗机构来说并不是刚需。

第二，从获取数据的角度看，医疗临床操作十分复杂，医生的临床经验不同，致使人工诊断还是会存在偏差，导致用于学习的诊断数据存在偏差。同时目前既有公开的影像数据质量参差不齐，各家医院也不会向彼此公开有标注的影像资料，且既有资料错误较多，不同仪器得到的影像数据各有不同，严重限制了创业公司获取数据的能力和在手数据的质量。

第三，对相关产品需求最大的基层医院 IT 系统条件差，缺乏足够的资金采购软件或服务。

从商业模式上分析，该领域创业公司的商业模式十分接近，都是选择具有强烈需求的科室和发病率较高且存在并发症的疾病，利用图像识别技

术降低读图 / 看图时间，提升医生判读的准确性，弥补影像医生严重不足的问题，以减少医生误诊和漏诊的概率。患者的影像数据由 AI 医疗工具进行定性或定量分析，结果供医生判读并确认特征位置、恶性与否、严重程度如何。不同创业公司有各自专注的领域，如推想科技关注的领域在肺癌及心胸疾病；汇医慧影可以对肺癌、乳腺癌、直肠癌、胃癌、宫颈癌、卵巢癌、鼻咽癌、前列腺癌等进行识别；羽衣甘蓝聚焦的领域在宫颈癌、乳腺癌、肺癌、糖尿病、肠息肉。

AI+ 医疗影像类的创业公司主要的销售渠道是通过医院建立与医生的联系；部分创业公司通过医疗 IT 解决方案进入医院的信息管理体系，进而成为医疗影像识别工具的天然提供方。如汇医慧影，以医疗信息化解决方案提供方的身份切入，帮助医院建立云服务平台和数字医疗环境，从而进入医院体系获得数据；连心医疗通过帮助医生搭建肿瘤治疗信息系统的方式，获得患者相关数据。

AI+ 医疗的核心业务主要涉及以下几个方面：研发覆盖多种疾病的算法模型；持续扩大数据量级和覆盖病种，覆盖影像数据、病灶重点标注数据、诊断报告等，形成数据闭环；建立算法模型，采集和整理医疗数据，不断对算法模型进行提升；以用户为中心，处理好与医生的合作关系，充分融入医生的工作环境，建立彼此的信任；做好影像数据的保密工作，确保系统稳定性。

（三）AI+ 辅助诊疗

辅助诊疗是 AI+ 医疗的重要目标。医疗大数据是辅助诊疗落地的基础。辅助诊疗也与医院管理密切相关。从事这个领域的创业公司通常在医疗大数据基础上提供病历结构化、分级诊疗、DRGs（诊断相关分类）智能系统、医院决策支持的专家系统等多种产品（见图 4–5）。辅助诊疗能够从诊断和治疗环节为医生提供建议和帮助，真正实现基层医务人员水平和效率的提升，与国家推行分级诊疗的思路保持一致，具备较大的发展前景。

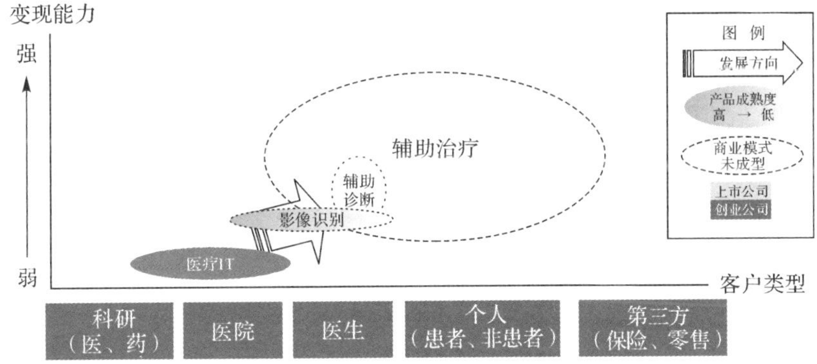

图 4-5　辅助诊疗发展路径

目前 AI+ 辅助诊疗行业的发展瓶颈主要有以下几方面：

（1）现有医疗数据尚未完全电子化；

（2）医疗数据整理成本较高，时间周期很长；

（3）技术尚未成熟，效果有待进一步验证。

从商业模式的角度分析，辅助诊疗主要是通过建立完整数据库，包括从门诊到随访的全程数据，从医生需求出发提供疾病预测、辅助诊断和治疗建议功能，也提供科研、统计等服务。在前期阶段通过与医生合作收集医疗信息并对信息进行整理加工，形成完整的医疗大数据体系。之后对医疗大数据进行分析，为医生诊断和治疗提供建议。其核心业务通过多种方式对非结构化的数据进行处理，形成知识图谱，基于知识图谱完成认知计算。收入来源包括软件出售和使用授权收费。

从目前 AI+ 医疗的发展情况来看，辅助诊疗巨头最有可能从医疗 IT 企业发展而来。上文提及的影像识别是辅助诊疗发展路径中的一个环节。医疗大数据为整个辅助诊疗提供数据基础。医疗 IT 行业已经基本成熟，并产生了大量的上市公司，但总体营利能力有限。影像识别的业务相对别的 AI+ 医疗应用场景相对成熟，但尚未找到稳定的营利模式。辅助诊断和辅助治疗的市场空间十分广阔，但以 Watson、惠每医疗和连心医疗为代表的创业公司刚刚建立，仍处于发展早期阶段。

（四）AI+ 健康管理

健康管理是 AI+ 医疗大领域内最接近消费者的部分，对 AI 各类技术的综合应用要求较高，主要分为营养管理、身体健康管理等几类（见图 4–6）。

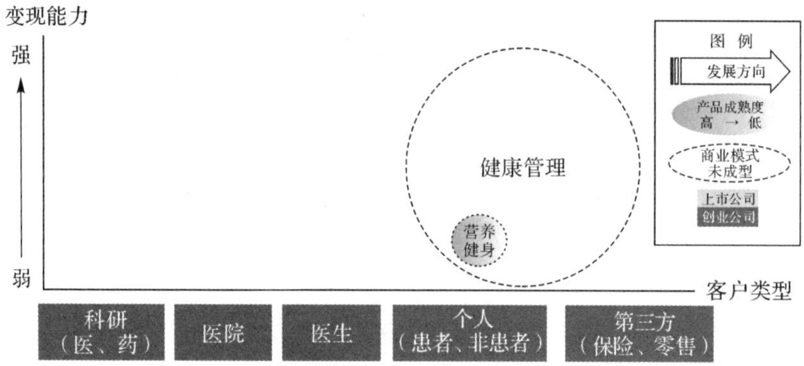

图 4–6 健康管理发展路径

个体进行健康监测的愿景正在变得接近现实，部分原因在于 DNA 测序成本的极大降低，也在于生化分子测量成本的极大降低。

目前 AI+ 健康管理的业务瓶颈主要有以下几个方面：

（1）潜在消费人群尚未形成健康管理意识；

（2）用户数据来源分散，数据孤岛现象严重；

（3）技术尚未成熟，效果有待进一步验证，用户体验有待提高。

从商业模式上分析，AI+ 健康管理通过人工智能对用户的微观数据进行分析，并对用户行为进行干预，帮助个体用最小的代价保持健康。其核心业务主要是通过图像识别了解摄入的食物，结合智能穿戴设备等硬件设备提供的数据，分析用户的健康水平，并进行行为干预。

AI+ 健康管理的市场空间较大，但仍处于早期发展阶段，其中 AI 营养师细分领域的成熟度相对较高，但依然没有探索出稳定的营利模式。

（五）AI+ 医疗投资逻辑

根据技能要求和紧急程度可以将 AI 潜在的应用场景分为四个象限（见图 4–7）。医疗行业处于技能要求高、紧急程度高的象限（右上）中。综合互联网行业发展历程来看，优质的互联网创业项目通过打造标准化的服务和产品，将处于右上象限中的应用场景逐步推向技能要求低、紧急程度高的象限（右下）中来。AI 有望通过类似的方式对医疗行业进行改造。

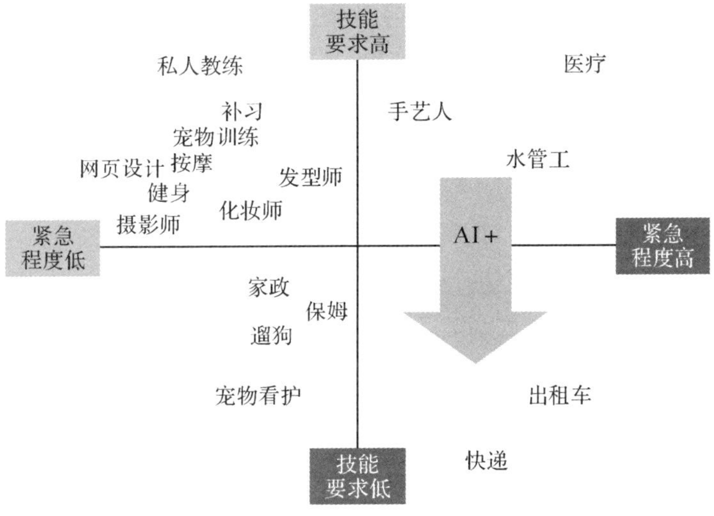

图 4–7　AI+ 投资逻辑

医疗与人的健康息息相关，具有复杂程度高、风险大等特点。对 AI+ 医疗类的标的选择，应从临床需求出发，判断 AI 对医疗带来的价值，选取在医疗行业扎根较深的医疗 IT 公司作为合作伙伴，寻找那些使用 AI 相关技术手段打造诊断和诊疗环节可标准化的服务和产品，能真正提升基层医生的诊断和治疗能力的创业公司。

对于 AI+ 医疗类项目，我们认为应该用以下四个方面作为核心的标准判断：

（1）获得数据的能力：优先考虑可以通过人脉、技术实力等途径获取数据的标的，避免出现需要花钱买数据的情况。

（2）商业模式得到初步验证：订单爆发、客户体验转好、技术成熟度提升、服务成本下降等。

（3）发展战略清晰：现有 AI+ 医疗创业公司多数面临业务转型的压力。创始人需要对标的公司未来的发展方向有清晰的认识和可行的计划。

（4）拥有自身造血功能：优选已经获得稳定的订单且可以预期未来业务持续稳定增长的标的。

第三节　AI+ 安防

（一）安防行业概述

近年来随着我国社会治安、反恐处突面临的挑战越来越严峻，社会公共安全领域的改革与发展得到了越来越多的关注和投入。据统计，我国安防行业市场规模从 2017 年的 6000 亿元增加到 2020 年的 8500 亿元，年增长率在 12% 以上，市场潜力巨大。从市场细分上看，主要包括视频监控、安防信息化建设、智能交通、实体防护、楼宇对讲等领域。从产业链角度分析，视频监控在安防行业所占市场份额最大，占到 50%，是智能安防的基础及核心应用。2015 年我国视频监控硬件市场规模约为 740 亿元，市场增速在 19%。在视频监控下游行业中，平安城市、大交通、金融行业占视频监控市场的 80%，其中平安城市占视频监控市场 43%，成为最大的应用领域。同时，随着大数据时代的来临，公安、政府大数据服务行业也呈现出从独立数据（不同部门、不同层级数据相对独立）到共享数据（多维度数据整合实现共享）模式的快速发展。

在政策方面，“十三五”国家相关发展规划将安防作为重点领域。2016 年 12 月，国务院印发的《“十三五”国家战略性新兴产业发展规划》中涉及的几大重点领域都与安防息息相关。2017 年 5 月，科技部制定的《“十三五”公共安全科技创新专项规划》要求突破公共安全情景构建与推演、重大综合灾害耦合实验、国家安全平台等关键技术；突破超大规模网上网下统一身份管理、人员身份特征精细刻画与精准识别、高通量人车物综合特征感知与风险防控，全面提升我国重大基础设施的安全保障能力。“十三五”系列政策的出台对未来安防行业的发展起到积极的推动作用。2021 年，中国安防协会印发的《中国安防业“十四五”发展规划（2021—2025 年）》要求推动安防业高端化、智能化、绿色化、品牌化发展。

人工智能技术在安防领域的应用主要体现在两个方面：智能视频监控技术和大数据应用技术。

1. 智能视频监控技术

智能视频监控是融合了机器视觉、图像处理、深度学习等最前沿的人工智能技术，是视频内容理解的基石。智能视频技术可以划分为三个阶段：前端属性提取、后台系统智能分析、中控系统。前端属性提取又包括目标检测、目标跟踪和目标属性提取，主要是对视频信息中的内容进行有效信息和无效信息的识别、对于特定目标在场景中的持续跟踪，以及目标特征的提取，如性别、身高、车辆颜色、车型等。后台系统的智能分析包括前端分析和后端分析，对于数据量较小、前端系统可以完成的数据分析，则数据分析的过程主要在前端完成，然后直接传输到中控系统；如果数据量较大，前端系统经过数据筛选、压缩、过滤，然后再传输到后端进行分析。通过后台系统的智能分析，结果会直接反馈到中控系统。

2. 大数据技术

在大数据时代，作为海量数据的主要来源之一，安防行业相关应用产生了巨量的信息数据，特别是在当前大集成、大联网的环境下，数据量呈现飞速增长趋势。海量的数据也带来了数据整合、数据存储、数据分析应用等一系列问题。大数据在安防领域应用的几种关键技术包括：

（1）大数据融合技术。目前国内的安防系统建设基本形成了以平安城市、智慧交通、智慧城市建设为主体，其他行业系统逐步完善的发展态势。如何实现各个系统的数据融合、数据共享，创造更大的数据挖掘价值，首先要解决的就是存储分散的问题。

（2）大数据处理技术。安防大数据以半结构化和非结构化数据居多。要实现对安防大数据的分析和信息挖掘，首先要解决数据结构化问题。尤其是对于以视频信息为主的安防领域，如何做到自动把视频中的特征识别出来并贴上标签后入库，是视频应用技术的基础。

（3）大数据分析和挖掘技术。对安防大数据而言，要实现业务的深层次应用，首先需要对安防数据进行分析和挖掘，以云存储和云计算系统为基础，通过云计算系统实现对大数据的快速分析，如基于云的车牌识别，可通过对海量视频的分析，快速提取海量车牌信息，并通过应用系统对相关数据进行深一步挖掘、关联，形成有效档案。最后利用这些分析和挖掘的数据实现对事件的预测、预防、报警，最终实现安防系统建设的实战应用目的。

（二）AI+ 公安

公安行业用户的迫切需求是在海量的视频信息中，发现犯罪嫌疑人的线索。前端摄像机内置人工智能芯片，可实时分析视频内容，检测运动对象，识别人、车属性信息，并通过网络传递到后端人工智能的中心数据库进行存储。人工智能汇总海量城市信息，再利用强大的计算能力及智能分析能力，可对嫌疑人的信息进行实时分析，并给出最可能的线索建议，将犯罪嫌疑人的轨迹锁定由原来的几天缩短到几分钟，为案件的侦破节约宝贵的时间。其强大的交互能力还能与办案民警进行自然语言方式的沟通，真正成为办案人员的专家助手。

（三）AI+ 交通

在交通领域，随着交通卡口的大规模联网，汇集的海量车辆通行记录信息，对于城市交通管理有着重要的作用。利用人工智能技术，可实时分析城市交通流量，调整红绿灯间隔，缩短车辆等待时间，提升城市道路的通行效率。

在车辆识别领域，目前车牌识别算法最为理想，有些车牌识别率已经达到 99%。在车辆颜色识别方面，基本上克服了由于光照条件变化、相机硬件误差所带来的颜色不稳定、过度曝光等一系列问题，解决了图像颜色变化导致的识别错误问题。车辆颜色识别率从 80% 提升到 85%。车牌的识别采用大数据加深度学习技术之后，车辆车标的过度曝光或者被人去掉等引起的局部消失等问题可以得到很好的解决，使识别率可以达到 93% 以上。

另外，智能交通云平台和智慧交通的大脑系统可以实时掌握城市道路上通行车辆的轨迹信息、停车场的车辆信息，以及小区的停车信息，能提前半个小时预测交通流量变化和停车位数量变化，合理调配资源、疏导交通，实现机场、火车站、汽车站、商圈的大规模交通联动调度，提升整个城市的运行效率，为居民的出行畅通提供保障。

（四）AI+ 智能楼宇

在智能楼宇领域，人工智能是建筑的大脑，综合控制着建筑的安防、能耗，对于进出大厦的人、车、物实现实时的跟踪定位，区分办公人员与外来人员，监控大楼的能源消耗，使得大厦的运行效率最优，延长大厦的使用寿命。智能楼宇的人工智能核心在于，汇总整个楼宇的监控信息、刷卡记录，用室内摄像机清晰地捕捉人员信息，在门禁刷卡时实时比对通行卡信息及刷卡人脸部信息，检测出盗刷卡行为。还能区分工作人员在大楼中的行动轨迹和逗留时间，发现违规探访行为，确保核心区域的安全。

（五）AI 在安防领域商业化落地的核心壁垒

我们认为以下能力决定了 AI+ 安防领域的企业在未来竞争格局中的核

心竞争力：

（1）数据的稀缺性。人工智能算法模型的建立，需要用大量数据进行调优与完善，训练的数据量越大，数据质量越好，训练得到的算法准确率越高。因此在特定领域内数据将成为稀缺资源及行业准入门槛。在安防领域，数据也有较强的准入门槛。如果要进行人脸比对和身份认证，算法公司必须得到政府相关部门的授权才可以进行身份证信息提取。

（2）产品化能力。随着底层技术的逐步开源，人工智能的应用涉及较多工程性的产品化能力，这也将成为人工智能企业赖以生存的核心竞争力之一。中国企业相比于海外公司具有更强的工程化、订单制研发能力。产品化能力一方面能补全部分“后进”公司在算法效率上的微弱劣势，另一方面可以极大提升垂直场景中的功能与效率。

（3）渠道优势。人工智能技术将率先应用于 2G、2B 端应用，而 2C 端应用较为滞后。核心原因在于，2G、2B 领域的场景往往较为单纯，业务重复度较高，因此借助人工智能有望迅速提升业务效率，减少人工投入。2C 端应用由于需要根据个人用户进行个性化定制和调整，在人工智能早期，数据体量不足的情况下往往体验较差，很难大规模推广。在安防领域，首先是 2G 业务的展开，大规模的订单落地可以积累大量的数据，反过来再提高模型的精准度，这种雪球效应将为人工智能企业带来先发优势。

第四节　智能家居行业

（一）智能家居概述

智能家居的概念早在 20 世纪就已经提出了，但近几年来随着物联网、人工智能技术的发展，才开始进入人们的视野。智能终端设备也不断涌现。智能家居开始正式进入寻常百姓家。

从智能家居产品发展阶段来看，可以分为三个阶段：智能单品阶段、智能终端互联互通阶段、人工智能家居系统阶段。在智能单品阶段，通过物联网技术，如体感、红外等传感器设备，通信芯片等，记录和收集用户数据，并进行自我学习，对用户的行为进行自主分析和预判，实现自动调节。智能家居的第二个阶段就是不同智能终端能够互联互通，各个终端设备间的数据和信息可以相互共享，实现场景控制和设备之间的联动控制。目前的智能家居企业大多处于这一阶段，由于在家居场景下互联互通的设备往往比较有限，用户需求也较为集中，因此各厂家实现的场景控制都较为相似，如睡眠模式、离家模式、回家模式等。在这一阶段，用户体验已较单品阶段有大幅提升，但智能家居最终发展阶段是将产业链的各个环节打通，形成整个家居系统的自我学习和自我控制。利用在整个家居环境中所有传感器收集的数据，通过机器学习，对用户行为进行精准画像，主动对用户的行为进行预判。

目前要实现智能家居的第三阶段，还需要整个行业作出一系列的突破和改变，包括通信协议的互联互通、通信技术的提升、云计算、人工智能技术、产业生态链的资源整合等。

（二）智能家居行业的驱动因素

1. 物联网、人工智能等发展的技术驱动

物联网、云计算、人工智能等技术，为近几年的智能家居带来了长足深远的影响，推动了智能家居的发展进程，让生活更加便捷、更加人性化。物联网使得家居生活实现数字化，并与互联网相连接；云计算的发展让用户可以将家中智能家居的相关信息储藏在云端，并且通过云计算，用户可以在任意时间、任意位置对家中的智能家居进行相应的控制；人工智能技术使得家居设备具备自学习能力，变得更加智能。

从信息获取的角度看，物联网技术的发展，使得信息交换不限于人与人之间，而是扩展到人与物、物与物之间的信息连接，在此基础上产生更大规模数据，推动更强的人工智能技术的应用，从而不断地推进人类社会的发展。

同时，随着这些技术的不断成熟发展，越来越多的企业与商家进入智能家居行列，产业链不断完善，产品成本也极大地降低，使得智能家居真正走进人们的日常生活中。

2. 消费升级、人口老龄化带来的需求驱动

国际计生委发布的《中国家庭发展报告 2014》指出，我国家庭数量达 4.3 亿户，居世界首位。从国家统计局发布的中国城镇居民收入上看，我国城镇居民的收入水平从 2007 年的 1.38 万元，攀升至 2016 年的 3.36 万元，增长幅度超过 1.4 倍。可支配收入的上涨伴随着与个人发展和享受相关的消费占比增加，新阶段的居民消费更加追求生活的品质和体验，也更愿意为健康和便捷支付溢价。据统计，2016 年中国智能家居市场规模达到 642.4 亿元，较前三年来看有了明显的增长，增长率达 59.25%。未来，随着技术的进步和消费习惯的进一步培养，智能家居产品会在消费市场中日趋普及。

除了消费升级因素之外，人口老龄化也成为未来智能家居市场增长的支撑因素之一。2015 年中国 65 岁及以上人口为 1 亿 4434 万人。近十年 65 岁及以上人口逐年增加，意味着人口老龄化的高峰即将到来。随着老龄化进程的加快，老年群体的安全、医疗、健康护理等养老问题日益突出，而智能家居系统则可以很好地解决或者缓解这一痛点，未来会有广阔的市场空间。

3. 政策引导

近年来，国家多次出台相关扶持政策以支持智能家居产业的发展。2011 年，工业和信息化部印发《物联网“十二五”发展规划》，首次把智能家居列入物联网发展的重要工程之一。2013 年 9 月，国家发展和改革委员会、工业和信息化部等 14 个部门共同发布《国家物联网发展专项行动计划》，明确将智能家居作为战略性新兴产业来培育发展，把推动智能家居应用列为 14 个重点任务之一，同时将智能家居列入九大重点领域应用示范

工程。2016年智能家居首次出现在政府工作报告中，被视为拉动经济增长的新兴消费。在2016年1月工业和信息化部发布的《信息通信行业发展规划物联网分册（2016—2020年）》中，智能家居由原来的九大重点应用升级为六大物联网重点领域应用示范工程。除此之外，其他很多地区也密集出台了多个政策和规划以支持智能家居产业的迅速发展。

（三）智能家居产业链分析

智能家居行业产业链包括上游物联网元器件及人工智能相关技术支持提供方、中游智能家电企业以及下游的互联网平台公司。

1. 智能家居上游产业链

智能家居上游产业链主要包括以通信芯片、传感器为核心的物联网领域相关电子元器件供应商以及以语音识别、图像识别、自然语言处理、机器视觉为代表的人工智能技术方案提供方。

（1）物联网相关元器件。物联网技术就是通过射频、红外、摄像、激光扫描等传感设备，按约定的协议，将任何物品与互联网相连接，进行信息交换和通信，以实现智能化识别、定位、监控和管理。其中通信芯片体现了物联网的技术路径，是上游产业链的核心。

（2）以语音识别、自然语言处理、图像识别、机器学习为代表的人工智能底层技术。AI在智能家居场景下的主要应用将在于两个方面：机器学习带来的更智能和更具个性化的计算模型，以及高效的语音、图像等识别能力。

①智能音箱。随着语音识别、自然语言处理技术的突破，语音作为人机交互领域的重要模块，在智能家居领域已经广泛应用。2016年谷歌的机器语音识别准确率超过90%，科大讯飞中文语音识别率在97%以上。语音识别准确率的提高推动了商业化应用进程。智能音箱包含语音服务、家居控制、物联网及人工智能技术。各个商家将自己的产品和服务注入智能音箱中，将音箱作为智能家居的切入口。

②智能安防。智能安防在智能家居中的权重越来越大。据统计，在国外的智能家居产品中，对于安防类产品的需求最大。在国内市场上，智能安防系统已成为中高档楼盘的基本配置之一。智能安防设备比如门禁、智能锁、摄像头等均可与互联网大数据、云服务等相连接，实现功能产品向智能产品的升级。智能摄像头运用面部识别技术识别家庭成员身份，同时对于外界的危险发出报警，大大提升了家庭安全性。智能安防主要采用图像识别、生物识别技术，通过摄像头、门锁等智能终端对家居环境中的安全隐患进行识别预警。市场上此类产品的形态、功能相似，各家品牌之间的竞争也较为激烈。

③机器人。服务机器人作为人工智能应用领域的一个重要载体，近年来随着人工智能、云计算等技术的发展，在行业逐步爆发。据 IFR 的统计，2014、2015 年全球家庭服务机器人产品销售总额分别为 19 亿美元、22 亿美元。2016 年全球消费机器人（其中以家庭服务机器人为主）销售额已达 38 亿美元，出货量约为 1000 万台。根据市场调研公司 Tractica 预测，截至 2022 年全球消费机器人市场规模将达到 132 亿美元。

家庭服务机器人的应用场景相较于工业机器人应用环境更加复杂多变、不确定或不受控制，机器人必须具备对周遭环境和事物高效的识别、感知、理解、判断及行动能力，在技术性能方面，更加依赖于人机交互等人工智能技术的发展。在单一服务功能领域的家用服务机器人，由于控制系统、计算机视觉以及语音识别技术逐渐成熟，语义理解在专业领域的准确率也有较大保证，已经具备了商用条件，如扫地机器人、陪伴机器人等，产品开始得到用户认可，市场渗透率也逐步提升，但通用型家用机器人还存在很多技术局限，目前还没有商用化的产品。

总之，目前的智能家居产品还处于第二阶段——多产品的联动。人工智能技术的应用也大多集中在智能单品上。如果要向第三阶段迈进，还需要技术上的突破、打通产业链条上各个参与者，最终形成完整的智能家居生态系统。

2. 智能家居中游产业链

（1）传统家电企业

以海尔、美的、格力等为代表的传统家电企业纷纷开始转型升级，他们所具有的优势主要来自以下几个方面。

①产品优势。企业拥有产品本身的设计、技术、生产、制造和营销渠道，其产品不论是外观设计、零件制造还是零件组装技术方面都具有过硬的质量保证。

②数据优势。传统家电企业经过多年经营，积累了大量用户的基本信息及其生活数据。

③渠道优势。传统家电企业拥有成熟的线上、线下渠道，尤其是线下模式，可以培养更多、更广的用户体验群体；同时有售后维修等服务体系，帮助提升用户体验。

传统家电企业不足之处在于物联网、云计算等领域还缺乏技术支持，因此他们大多选择与互联网企业合作，合力布局智能家居市场。比如，美的与小米签署了战略合作协议、TCL与京东开启了首款定制空调的预约、长虹推进与互联网企业合作的业务、阿里巴巴入股海尔电器公司等。

（2）小家电企业

以Broadlink、Lifesmart等为代表的互联网家电企业以智能小家电切入智能家居市场，产品更加灵活、美观，更加注重用户体验；由点及面，逐步建立智能家居生态圈；拥有互联网思维，运用云计算、大数据分析等技术优势。

3. 智能家居下游产业链

智能家居全产业链中，下游互联网公司所开发的软件平台附加值最大，其中大数据变现是重要的营利途径。当互联网企业逐渐将各终端厂商聚拢到自己平台后，相当于互联网企业控制这些终端设备，进而影响到市场发展。

平台型企业需要提供的核心产品和服务有：

（1）通过数据分析为后续产品研发及设计提供支持，提升用户体验；

（2）针对用户线下生活服务增值，如食材配送、家政服务、健康护理；

（3）通过大数据分析，对用户需求进行预测，精准投放广告销售产品。

在整个智能家居产业链中，下游附加值最大，但由于它的实现需要海量用户群作为大数据支撑，因而实现难度也最大。我们认为要成为平台型企业需要具备以下条件：

（1）大量数据的积累；

（2）有物联网、云计算、大数据分析、人工智能等相关领域技术；

（3）有强大的生态系统支持。

小米是智能家居行业中的独角兽。根据 2021 年米家年度发布会公布的数据，小米的智能系统用户月活数成功突破 5 亿人，且用户黏性较高。小米通过高性价比的智能单品切入，聚合成为智能家居系统，解决了产品标准不统一的问题，提升了用户体验（见图 4–8）。

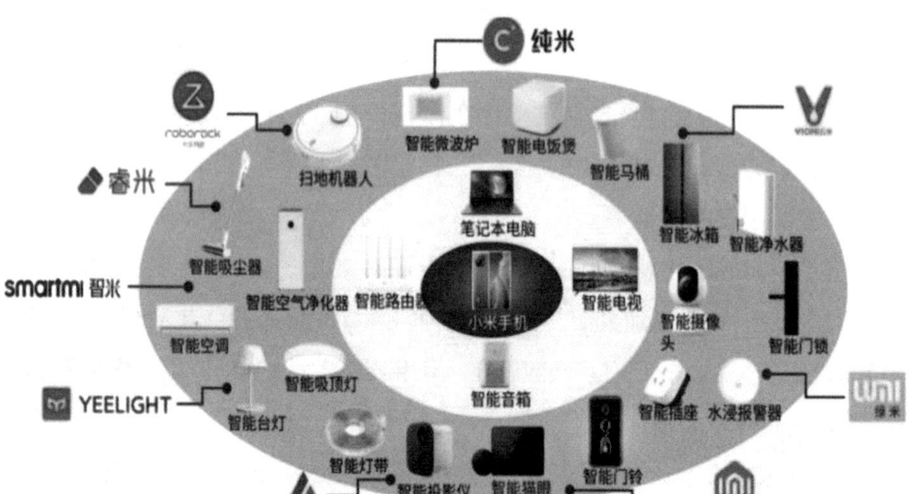

图 4–8　小米智能家居全景图

资料来源：小米官网，中金公司研究部 . 人工智能迎落地，探寻 AI 真需求，2021.

（四）智能家居行业发展瓶颈

1. 智能终端的互通互联

智能家居最终必须依靠整个产业链来建立智能家居的生态圈，单靠某一家公司或者产业链的某一环难以撬动整个市场。但目前市场还处于跑马圈地阶段，各个智能终端的信息是单一的、割裂的，而智能家居的关键是要将目前智能产品提供给用户的单一、割图裂的信息和数据加以整合，通过软件支持、数据交互、云端交互实现强大功能。但目前智能家居产品并没有围绕家居系统，而是围绕安防、灯光等控制，或是基于家居单品，大部分只是加入语音、远程等简单的控制，产品之间联动性不够，所以并未形成真正意义上的智能。

2. 物联网、人工智能技术有待突破

应用层的智能硬件平台，服务机器人的智能水平、感知系统和对不同环境的适应能力受制于人工智能初级发展水平，短期内难以接近人的推理学习和分析能力，对于高层次的人工意识、情绪感知环节还没有明显的突破。

（五）智能家居行业投资逻辑

我们认为，目前阶段对于智能家居行业的投资，应该把握以下原则：

（1）人工智能对于智能家居行业的影响目前还处于智能单品阶段，但该领域参与者众多，产品功能大多雷同，竞争较为激烈。同时受人工智能技术发展阶段限制，以及各个企业商家通信协议尚未形成统一标准，短期无法实现数据的互联互通，产品的用户体验较差，难以产生较强黏性。

（2）从产业链的三个阶段看，下游平台型企业的营利模式的成长空间和可持续性最强，是我们认为最有投资价值的领域。但同时对于平台的要求也较高，需要有足够的技术支持、持续的海量数据来源、上下游资源整合能力。在大数据、人工智能作为该领域的技术支持背景下，产业链条上的各企业都认识到数据资源的重要性，凭借各自产品优势、渠道优势等迅速拓展市场份额，抢占数据资源，向下游智能家居平台领域进行延伸。

（3）从投资阶段上看，目前的智能家居处于快速增长前期的混战阶段，市场格局尚未完全形成。但企业间的相互开放和互通已成为未来的趋势，等到了这个阶段，智能家居会迎来全面的爆发期。

第五章

AI 未来机遇和挑战

中国经济已由高速增长阶段转向高质量发展阶段。在这个转换过程中，数字经济已经成为新时代推动中国经济发展的新动能，数字经济体成为转变发展方式、优化经济结构、转换增长动力的新引擎。从电子商务、网络约车、O2O 生活、互联网金融等数字经济形态看，平台 + 个人 / 小微 + 用户，成为数字经济体组织形态的新组合。云计算、大数据、人工智能的数据和技术应用，为增强信息对称、提高决策速度和科学性、提高信息流转效率提供了新的可能，为整个经济实现高效运行提供了强大支持。

作为数字经济的核心生产力，人工智能被视为改变人类命运的战略性技术，同时被视为改变人类生产方式、生活方式的颠覆性技术。人工智能经过 60 多年的演进，已发展成多学科高度交叉的复合型综合性学科，涵盖计算机视觉、自然语言理解、语音识别与生成、机器人学、认知科学等领域的研究。谷歌公司前 CEO 埃里克·施密特曾说，人工智能是"未来十年内可能对世界经济和国家安全产生最大影响的先进技术"。中国社科院的研究报告指出，人工智能几乎涉及所有依靠数据收集、计算分析、简单重复与精准运作的经济领域。在这些经济领域中，人工智能将带来颠覆性的创新，其无比强大的原创力量，将给创新创业、产业发展带来新机遇。根据 Grand view research 的数据，2020 年全球 AI 市场规模为 623.5 亿美元，预计 2028 年将达到 9978 亿美元，2021—2028 年 CAGR（年均复合增长率）为 40.2%（见图 5–1）。

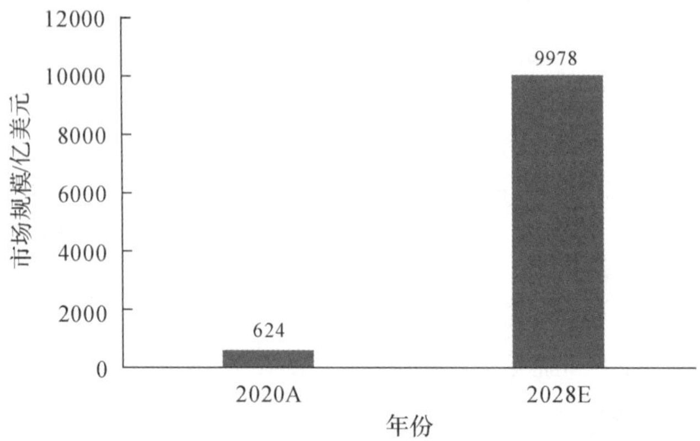

图 5-1 全球 AI 市场规模及预测

资料来源：Grand view research，中金公司研究部.人工智能迎落地，探寻 AI 真需求，2021.

人工智能技术及产品在企业设计、生产、营销等多个环节中均有渗透且成熟度不断提升。其应用从消费、互联网等泛 C 端领域向传统行业辐射，助力数字经济高质量发展，推动数字化转型向纵深挺进。《“十四五”数字经济发展规划》指出，打造繁荣发展的数字经济，关键之一即有序推进基础设施智能升级，高效布局人工智能基础设施。

技术进步是经济增长和生活水平提高的主要推动力。随着人工智能理论的突破，以及互联网、大数据、并行计算等相关技术群的大批成熟，人工智能技术在快速更新换代中不断发展，产业化周期日益缩短，企业创新更加活跃，且正在全球范围内迎来新一轮变革。越来越多的行业开始拥抱人工智能，用 AI+ 助力技术和产业的进一步发展。普华永道（PwC）预计到 2030 年，人工智能对全球经济的贡献可能高达 15.7 万亿美元，“使其成为当今快速变化的经济中最大的商业机会”，其中中国人工智能对 GDP 的贡献将达到 26.1%，这一数字大幅领先于北美的 14.5% 和南欧的 11.5%（见图 5-2）。

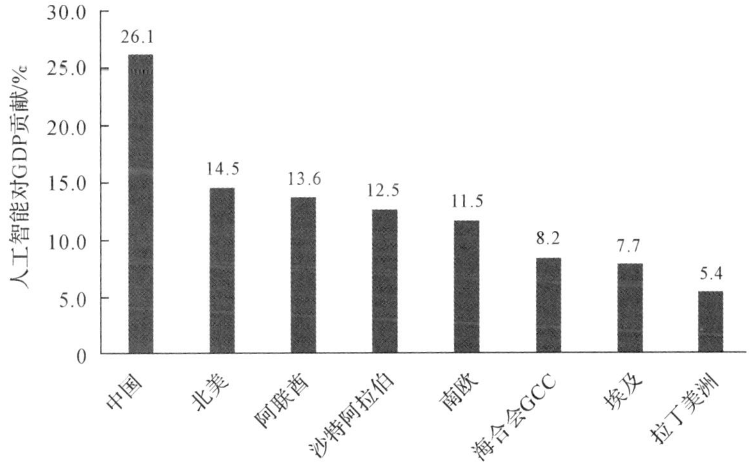

图 5-2　2030 年人工智能对 GDP 的预计贡献

资料来源：Statista，PwC，Bahrain FinTech Bay，中金公司研究部 . 人工智能迎落地，探寻 AI 真需求，2021.

工业革命将人类从体力劳动中解放出来，信息技术把全世界紧密地联系在一起，而人工智能则是要将人类从脑力劳动中解放出来，可能将以三种形态和方式呈现：

（1）人工智能创造了一种新的虚拟劳动力，能够解决需要适应性和敏捷性的复杂任务，即智能自动化；

（2）人工智能对现有劳动力和实物资产进行有效的补充和提升，提升员工能力，提高资本效率；

（3）人工智能的普及将推动多行业的相关创新，基于人工智能的智能自动化将能够灵活解决多领域的问题，提高全要素生产率，开辟崭新的经济增长空间。

第一节　人工智能将推动新一轮的产业革命

美国和中国是数字经济和人工智能技术的领跑者。联合国贸易与发展会议（UNCTAD）出具的《数字经济报告 2019》认为，引领数字经济发展的企业和数字基础设施几乎全部集中在美国和中国。全球排名前 70 位的平台企业的总市值中，美国企业占 68%，中国企业占 22%。中美两国拥有区块链技术相关专利的 75%，占物联网相关支出额的 50% 以上、云计算市场的 75% 以上。2019 年，在人工智能融资方面，美国（约 143 亿美元）领先于中国（约 56 亿美元）和欧盟（约 32 亿美元）。

人工智能正在成为新一轮科技革命和产业变革的核心技术。全球科技巨头都在争先进行相关战略部署。人工智能在硬件、技术、场景三个环节的联系日益紧密，“硬件—框架算法—训练平台—应用服务”各环节有能力的科技企业都开始了向上下游延伸的进程，以期实现全产业链布局。例如，云计算厂商亚马逊，由技术服务出发，不仅通过 Amazon Rekognition、Polly 等应用平台提供服务，还布局了 AWS SageMaker 训练平台等深度学习框架，并于 2019 年、2020 年分别推出自己研发的 Inferentia 与 Trainium 芯片用于机器学习，垂直一体化地完善了其人工智能版图。根据波士顿咨询公司（BCG）的分析，人工智能技术可能会沿“之”字形路线发展：现有人工智能技术将继续完善和产业化，在经济和社会发展中实现价值创造并形成强大的经济增长引擎，经历一段时间的积累和探索将实现科技突破，新的智能模型和颠覆性方法有望再次出现，并引发人工智能技术体系和技术路线的新一轮变革（见图 5–3）。随着人工智能和实体经济的融合加深，给我们生活带来的颠覆必将越来越多。未来的人工智能将从专业性较强的领域逐步拓展到生活的各个领域，转变成为通用智能，进而推动新一轮的产业革命。

当前的人工智能技术属于弱人工智能，仅能实现语音识别、图像识别、和简单的自然语言处理等人脑功能中有限的一部分。但是，人工智能行业正处在从感知智能向认知智能推进阶段。前者部分领域已趋于成熟，后者尚待突破。在基础层的计算资源和数据资源快速提升到一个新台阶的基础上，人工智能已完成了从低阶的计算智能向感知智能跃进的过程，并基于此逐步向认知智能推进。

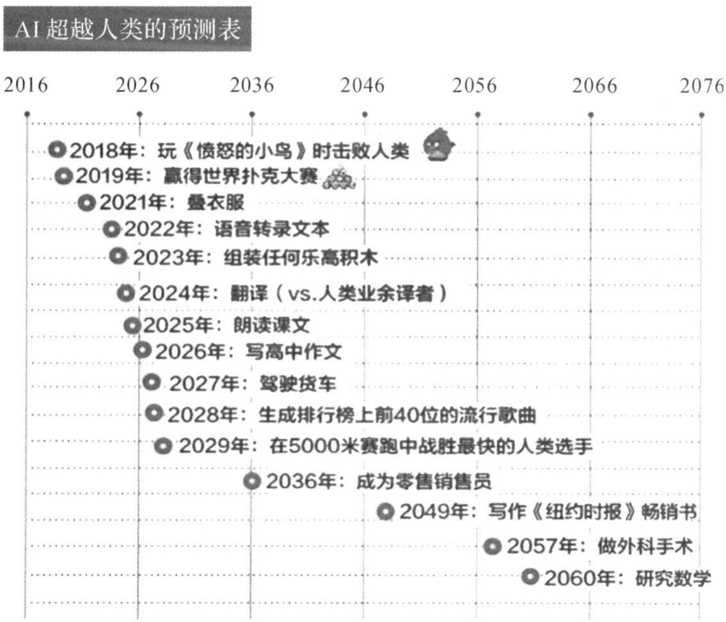

图 5–3　人工智能未来发展预测

在感知层面，部分技术如声音、图像等，基本趋于成熟并具有了大规模应用的基础。而认知智能层面，由于该阶段要求的是机器要像人一样去思考、主动行动，其分析判断必然要依赖于感知层的发展成熟、就像机器模拟人类时，只有眼睛和耳朵仍无法称之为人类。展望未来，人工智能的发展将改变人类的生活方式，助力人类实现更多现在看来不太可能的事情。比如在医疗领域，人工智能将极大提升分析人类基因组和为患者开发个性化治疗方案的能力，甚至大大加快癌症和其他疾病的治愈进程（见图 5–4）。

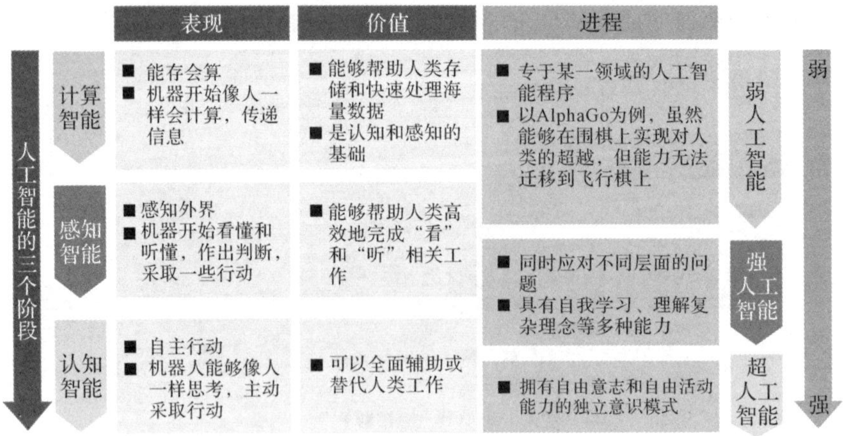

图 5-4　人工智能发展三个阶段

资料来源：赛迪科创，中金公司研究部 . 人工智能迎落地，探寻 AI 真需求，2021.

但是，当前的人工智能技术距离期待中的完全替代甚至超越人脑的通用人工智能（artificial general intelligence， AGI）仍有较大差距。探索 AGI 的方案包括结构派、行为派、能力派、功能派、原则派，这些方案几乎都是采用模仿人类的方式进行，但所用的方式和路径各异，这些项目都尝试在不同层面上复制人类智能（见图 5-5）。人的智能发展是量变到质变的

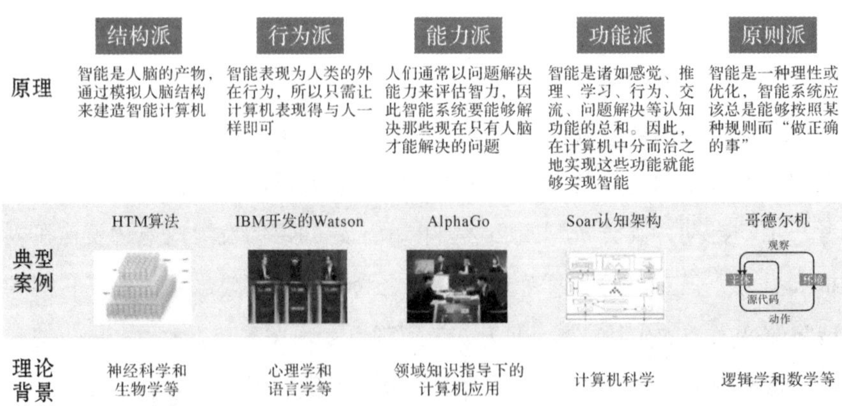

图 5-5　通用人工智能（AGI）的探索方案

资料来源：机器之心，中金公司研究部 . 人工智能迎落地，探寻 AI 真需求，2021.

过程，这个量变的过程对应着模型规模、算力的提升。与之类似，人工智能也正通过积累量变持续提升，最终有望实现质变。

第二节　中国将成为世界主要人工智能创新中心

我国具有基础研究优势、人才优势、政策优势、市场优势，有望快速催生出一大批人工智能应用行业。AI+ 时代，以深度学习等关键技术为核心，以云计算、生物识别等数据或计算能力为支撑，推动人工智能在金融、医疗、自动驾驶、安防、家居以及营销等领域的应用场景落地生根，创造出巨大价值。新冠肺炎疫情防控期间，人工智能技术加速在医疗、应急、教育、制造等领域普及应用，一批人工智能 CT 影像辅助诊断设备、智能测温 + 识别系统、智能机器人等抗疫产品，支撑疫情防控和复工复产成效显著。人工智能在生产生活、社会治理、国防建设各方面应用的广度和深度不断拓展，形成涵盖核心技术、关键系统、支撑平台和智能应用的完备产业链和高端产业群。

我国已基本形成智能计算、数据服务、开源开发框架、核心平台和关键应用的全产业链布局。人工智能核心产业规模 2019 年突破 1000 亿元，2021 年产业规模将近 2000 亿元，预计未来 5 年平均增长率达到 24.8%（见图 5-6）。2022 年 2 月，国家发展和改革委员会牵头联合多部门印发通知，正式启动 “东数西算”工程，即将东部大量需要运算的数据（数）通过光纤信息通道传输至西部，并使用西部的算力枢纽进行计算（算）后将结果返回东部供分析研究使用。“东数西算”实施后，可以实现优化算力中心布局，实现资源合理配置，带动西部地区整体数字经济相关产业的发展。

随着国务院印发《新一代人工智能发展规划》，中国的人工智能战略布局正式吹响号角。党的十九大报告在提到人工智能时强调，要“与实体经济深度融合”，推进人工智能在应用层面落地。

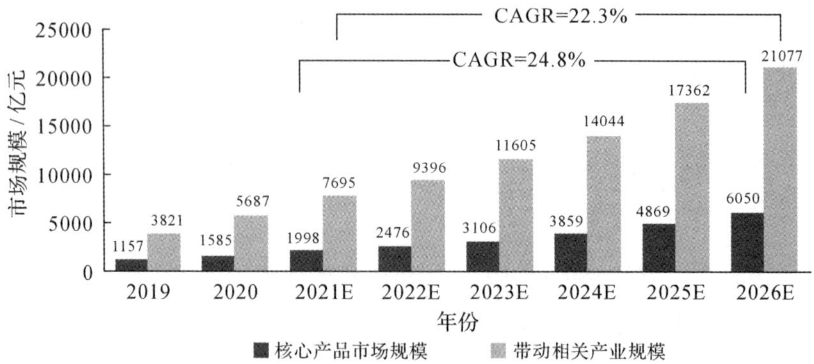

图 5-6 中国人工智能产业规模发展迅猛

资料来源：艾瑞咨询研究院 . 中国人工智能产业研究报告，2021 年 .

中国计划“三步走”构建人工智能的发展目标，到 2030 年，人工智能理论、技术与应用总体达到世界领先水平，成为世界主要的人工智能创新中心，智能经济、智能社会取得明显成效，为跻身创新型国家前列和经济强国奠定重要基础。

党的十九大报告中强调，未来要应对和解决发展不充分的问题，这实际上主要是要提升未来中国经济增长的质量和效益，增强科研创新能力、依靠提高全要素生产率增加经济潜在增长率，同时挖掘传统动能中尚未得到充分发展的成分。从历史经验来看，每一轮技术革命都将带来经济潜在增速的大幅提升，而对于技术革命的重视和激励则是科技进步的催化剂。我国传统的资本、人力、土地等生产要素的增长潜能仍有待进一步挖掘，但要解决发展不充分的问题，最核心的就是要提高全要素生产率、加强对科技发展进步的投入强度。埃森哲预期，作为全新的生产要素，人工智能产业有潜力将 2035 年的中国经济总增加值提升 7.1 万亿美元，并推动劳动生产率提高 27%。基于人工智能对中国经济整体影响的模拟分析，并结合行业规模数据，埃森哲发现制造业、农林渔业、批发和零售业将成为从人工智能应用中获益最多的三个行业。到 2035 年，人工智能将推动这三大行业的年增长率分别提升 2%、1.8% 和 1.7%。

第三节 中美两国的人工智能竞争

根据普华永道会计师事务所的研究报告，到 2030 年，在人工智能为全球经济带来 15.7 万亿美元的财富中，美国和中国将共占 70%。目前，在全球涉及人工智能的公司中，约有一半在美国运营，三分之一在中国运营。美国产业体系比较齐全，芯片、算法框架、算法和应用都处于领先地位，科技巨头推动人工智能多场景落地；中国互联网产业发达，积累大量用户数据，部分算法领先美国。同时，中美两国作为全球数字经济的领先大国，在网络安全、人工智能技术集成、数字贸易和跨境电商壁垒、全球数字经济供应链、隐私和伦理问题诸多方面具有共同利益。

在人工智能研究领域，美国在整体人才资源、高水平科研成果上仍然占有绝对优势，这为美国人工智能的发展奠定了坚实的人才基础。我国虽已涌现一批具有全球影响力的学者，在图像识别、机器翻译等领域不断发声，但深度学习理论体系、新型学习方式等颠覆技术主导权几乎被全球几位巨头掌握；卷积神经网络、循环神经网络、生成对抗网络等阶跃型算法技术多数在原始创造团队各分支中产生，延续性较强；人工智能颠覆、阶跃技术的发展鲜见。

根据 2022 年人工智能全球最具影响力学者榜单“AI 2000”，美国处于绝对领先地位，中国位居第二，欧洲位居第三（见图 5–7）。美国在人工智能人才上占有强势领先位置，囊括 13 个领域的榜首学者。中国拥有 2 个榜首学者，分别是信息检索与推荐和多媒体两个领域。美国入选“AI 2000”学者及提名学者的数量最多，有 1146 人次，占比 57.3%，超过总人数的一半。中国排在美国之后，位列第二，有 232 人次，占 11.6%。英国位列第三，有 115 人次，占比 5.75%。

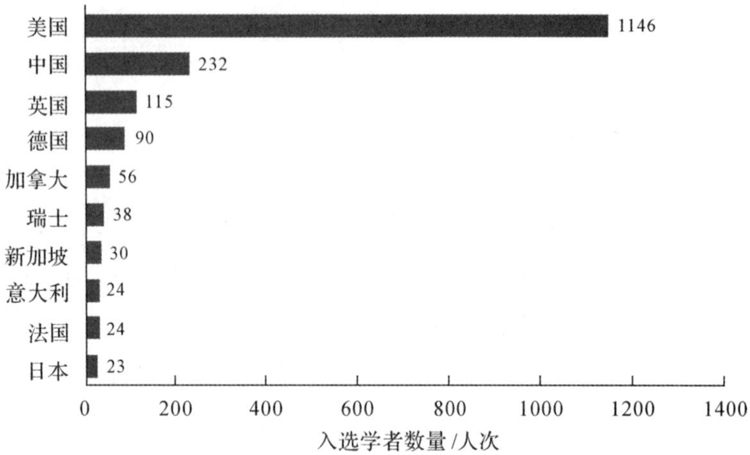

图 5-7　2022 年“AI 2000”入选学者数量全球前 10 强国家

资料来源：AMiner, 清华大学 – 中国工程院知识智能联合研究中心 . 智慧人才发展报告 , 2021.

从最具影响力学者入选数量来看，谷歌、Meta（原 Facebook）及微软三大科技公司占据优势地位，且公司拥有的顶级 AI 学者数量远多于高校。其中位居首位的谷歌公司，共 181 人次入选榜单，也是唯一一家学者数过百的机构。

美国在发展世界一流的人工智能公司中处于领先地位，在专利和主导性人工智能收购方面表现强劲。例如，在 15 个机器学习子类别中，微软和 IBM 在 8 个子类别中申请了比其他任何实体公司都更多的专利，包括监督学习和强化学习类。美国公司在 20 个领域中的 12 个领域的专利申请处于领先地位，包括农业（迪尔公司）、安全（IBM），以及个人设备、计算机人机互动（微软公司）。当前，无论在算法还是算力领域，美国都强于中国。在人工智能领域的竞争中，芯片是关键。人工智能需要高效的专门芯片，并对高级机器学习算法进行优化。预计到 2025 年，这些人工智能芯片将占价值 4500 亿美元半导体芯片市场的 20%。

在美国看来，全球只有中国有能力在不久的将来与美国在人工智能方面相抗衡，并把与中国在人工智能领域里的竞争视为争夺世界领导权的战略竞争。美国国会研究局在 2019 年的报告明白无误地表达了这一观点：“人工智能市场的潜在国际竞争对手正在给美国制造压力，迫使其在军事人工智能的创新应用方面展开竞争……迄今为止，中国是美国在国际人工智能市场上最雄心勃勃的竞争对手。”就人工智能技术而言，美国主要关注中国企业（华为、腾讯、百度等）基础数据处理技术和技术应用开发活动，并就此试图与欧盟达成《跨大西洋人工智能防御合作》协议，特别是要在人工智能标准规范的制定以及数据获取的理念、方式、伦理价值观上超越中国。同时，美国正竭尽全力阻止世界各地的公司使用含有美国技术的设备和软件为华为生产或设计芯片。

对于在人工智能领域的机会，《自然》杂志一篇对我国当前 AI 发展现状分析的文章表示，中国对人工智能的追求不仅仅是与美国的一场国力竞赛。人工智能技术有望在医疗、交通和通信领域突飞猛进。在人工智能领域取得根本性突破的国家，可能会决定其未来发展的方向，并从中获得最大利益。我国在数据资源、标注成本、市场规模、应用场景四大方面拥有优势，在未来仍有机会超越美国。我国庞大的消费市场将为人工智能提供足量的数据和应用场景，市场反哺也有望加快人工智能的升级迭代，这是我国人工智能发展弯道超越的核心竞争力之一。根据腾讯研究院发布的《中美人工智能产业发展全面解读》，中国作为后发国家具有一定的后发优势：一是拥有 14 家人工智能基础产业（主要是处理器和芯片），是美国的 42%；二是在技术层面拥有美国 46% 的产业基础；三是在应用层面也表现不俗，智能制造、智能无人机、自动驾驶等领域发展迅速。我国在人工智能最关键的数据资源上，主要拥有三大优势：

第一，庞大的人口和发达的互联网提供了任何国家都难以企及的数据量优势；

第二，数据使用的限制性因素较少；

第三，数据标注的成本较低，可用较低成本快速培训大量人才进行数据标注工作。

这些优势将不可避免地使我国成为美国强大的人工智能竞争对手。优秀的人工智能创业公司有着成熟的团队配置、先进的技术能力、健康的现金流等，同时受资本方的认可度较高。人工智能作为最具前景的产业，将成为新的独角兽集中地。美国战略上的遏制和技术上的封锁，一定程度上可以倒逼我国人工智能技术快速发展。例如，我国在芯片、自然语言、场景开发等软硬件方面已经开始进行自主性研发与创新，旨在避开美国的技术垄断，同时希望参与全球人工智能产业分布谋划和技术创新活动。不过，虽然我国在数据积累和传统产业基础上有一定的优势，部分细分领域有领先成果，相关研究投入不断加大，但整体上的人才储备落后于美国，在基础研究、产业链等方面存在较大挑战，这将成为制约人工智能发展的重要因素。我国应当制定针对优势智能产业的扶持政策，如产业政策、人才政策、科技政策等，从制度和政策层面确保人工智能技术的不断创新和产业的不断升级。

第四节　人工智能未来发展面临的挑战

全球人工智能产业还处于早期阶段，可以说刚刚起步。几乎所有人工智能仍属于在图灵测试概念下界定的“智能”阶段，无论是根据神经网络算法的翻译程序，抑或是基于量子计算理论的各种模型，在未来很长时间内都将是从属于人类的工具。相比传统技术创新的发展历程，人工智能的发展要进入强人工智能阶段，最终到达超级人工智能仍然需要经历更为漫长的旅程。就现阶段而言，强人工智能和超级人工智能仅仅是人类对人工智能发展的展望和畅想。

尽管如此，人工智能技术迅猛发展，短时间内大量资本涌入，资本与有问题的伦理观结合，可能会打开“潘多拉魔盒”，催生出“坏的技术”，可能导致人工智能无法造福人类，还可能带来不可预测的伦理、法律、社会问题。人工智能发展面临的问题主要有以下四个方面：

（1）缺乏商业化成果；

（2）有短期投资过热的势头；

（3）哲理疑虑，即 AI 是否可控；

（4）安全性，法律和伦理道德。

第一，人工智能产业爆发很大程度上是源于谷歌的 AlphaGo 的出现，之后虽然各科技企业都进行了相关研发，但是就目前市面上的终端产品而言，成功商业化的并不多。特别是基础算法研究、应用场景和商业化等环节产生了一定程度的脱节，具象的产品并没有成规模化地成为现实。知名咨询公司 Forrester Research 的一份企业问卷指出，没有明确的商业案例成为企业投资 AI 最大的担心。

要将 AI 成功商业化，仍有三个难点，也就是数据、AI 应用场景匮乏以及研发水平仍不足。首先，前文提到大数据是人工智能发展的基础，虽然现在特定方向的大数据获取能力（例如 AlphaGo 获取围棋棋谱）已较前期有了很大提升，但是该获取数据的能力仍集中在某一领域而无法交互（例如 AlphaGo 仅在围棋领域是人工智能），这种单一应用领域特性限制了人工智能商业化的进程。近期沙特阿拉伯宣称赋予机器人索菲娅公民身份，虽然“她”可以与人类进行比较流畅的交流，但就其商业性而言依然没有一个定论。其次，现有的人工智能应用场景并不能满足社会生活的需求，在更多的专业领域，比如地质勘探、医疗诊断等领域，仍需要人类的经验参与评估判断。最后，现阶段人工智能的软硬件开发仍需大幅提升，而提升的前提是有充足的人才储备。AI 作为一个新事物，人才缺口比较大，从现在起至少需要大学本硕 6 年才能完成一个人才培养周期。

第二，在商业化困难以及资金过多的情况下，AI 项目投资有变得盲目的可能性，这就会将产业引向投资过热的境地。另外，真正精通 AI 的人才现在并不多，目前权威的 AI 研究生专业仅存于 Stanford，Carnegie Mellon，MIT，UC Berkeley，University of Washington 这几所大学。如再累加产品成熟度偏低、投资周期过长的瓶颈，越来越贵的项目投资金额是泡沫的一个信号。如今人工智能领域同质化竞争现象普遍存在，未来一定会随着部分企业的发展导致部分泡沫破裂。全球人工智能发展可以说仍处于“婴儿期”，实际进展并没有如一些报道所述那么快速，所以该行业在后续发展时，需要保持冷静头脑，避免投资过热对行业长期健康发展造成伤害。

第三，从哲理的角度来看 AI，人工智能发展到一定程度后会不会完全取代人类是一个很大的未知数，如何有效地控制 AI，还需要科学家们做进一步的论证。再者，大数据的收集势必涉及个人隐私，而人们是否愿意放弃隐私来换取生活上的便利现在还不得而知。还有，匿名化技术的发展为隐私保护提供了新的工具，但如果对于匿名化数据的法律概念和认定标准没有明确规定，很可能会导致数据的滥用。同时，隐私保护与国家安全、商业利益如何平衡也是要解决的问题。再比如责任问题，比较典型的就是自动驾驶系统的责任认定。

第四，安全性势必是一条硬指标。任何的不安全都将影响到人工智能在未来的可持续发展。现阶段，已经出现了基于 AI，甚至是 AI 技术中比较高端的神经网络技术进行的网络犯罪行为。比如，以 Deepfake 为代表的视频合成技术、通过 AI 语音技术实施电话诈骗、AI 字迹模仿等有争议的应用也引起了人们对于 AI 被不正当使用的广泛担忧。黑客根据伯克利大学开发的 caffe 技术作为深度学习框架，并且使用 VGG16 结构创建了一个神经网络，用于学习识别各种验证码从而可以实现黑客的 AI “打码”（“打码”是黑客人工逐条输入、比对非法得到的个人账号密码与验证码的环节）。这套叫 NIC 的“打码”系统，在接受类似于 AlphaGo 的深度学习后，完成“打码”的速度是传统人工的 2000 倍，而且正确率很高。这样的 AI 应用场景是人们极不愿意看到的。人工智能的发展在带动人类科技进步的同时，也极大降低了网络电子犯罪的成本，这或将对我们现有的网络安全保护技术提出更高的要求。

安全的人工智能有三方面的要求：一是技术安全，涵盖数据安全、网络安全、算法安全和隐私安全；二是应用安全，涵盖智能安防、舆情监测、金融风控和网络防护；三是伦理安全，涵盖伦理规范和法律法规。人工智能立法，是全球都面临的新课题。2017 年，美国国会提出了三部涉及人工智能的法案，包括《2017 创新团法案》《2017 全民计算机科学法案》及《2017 在科学技术工程及数学领域中的计算机科学法案》。这三部法案分别关注了人工智能技术对美国人生活质量的改善价值及可能对部分工作的替代作用。2021 年 6 月，美国国会下属的政府问责署（GAO）发布人工智能问责框架，围绕治理、数据、表现和监测这四个互补的主题，对每个主题涉及的关键实践做法、系列问题和问责程序等进行了阐释，以帮助确保联邦机构和参与人工智能系统设计、开发、部署和持续监测的其他实体负责任地使用人工智能，这不仅体现了对人工智能伦理的深切关注，而且为今后人工智能政策和立法确立了原则和方向。

欧盟在 2018 年 5 月通过数据保护条例（GDPR），针对不同数据类型规定了不同的合法处理数据路径，其适用范围广泛，提倡最大限度地保护个人隐私，被视为大数据监管新时代的标志。欧盟于 2019 年 4 月 8 日发布了《人工智能伦理准则》，提出了高科技的人文思考和伦理考量，研究内容包括人工智能的社会学、伦理学、未来学等多个方面。2021 年 4 月 21 日，欧盟发布针对人工智能技术的监管法规草案，该草案被视作目前世界范围内最严格的人工智能技术全面监管法规。以人脸识别技术为例，2021 年 2 月脸书在一项针对人脸识别数据滥用的诉讼中，被判向 160 万用户赔偿 6.5 亿美元。

2021 年 9 月 25 日，中国国家新一代人工智能治理专业委员会发布了《新一代人工智能伦理规范》，提出增进人类福祉、促进公平公正、保护隐私安全、确保可控可信、强化责任担当、提升伦理素养等 6 项基本伦理要求。旨在将伦理道德融入人工智能全生命周期，为从事人工智能相关活动的自然人、法人和其他相关机构等提供伦理指引。2021 年 11 月 25 日，联合国教科文组织举行新闻发布会，宣布正式通过《人工智能伦理建议书》，这也是首份 AI 伦理问题全球性协议。《人工智能伦理建议书》提出，发展和应用 AI 首先要体现出四大价值，即尊重、保护和提升人权及人类尊严，促进环境与生态系统的发展，保证多样性和包容性，构建和平、公正与相互依存的人类社会。

第五节　人工智能的发展最终必须服务人类社会

很多国外的科技大佬对于人工智能的未来并不十分乐观，认为未来人工智能可能会凌驾于人类之上。特斯拉 CEO 伊隆 · 马斯克在 2017 年向“未来生命研究所”投资了 1000 万美元，用以评估与人工智能相关的风险。该机构日前拿出了近 700 万美元，支持针对人工智能负面效应展开的研究。比尔 · 盖茨则表示：“我是属于担心人工智能的阵营。起初，机器会为我们做很多事，也不会太过于智能。如果控制得好，我们可以持积极的态度。但几十年以后，人工智能进阶到足够强大的程度，人们就该担心了。我同意伊隆·马斯克等人对这一问题的立场，我不明白为什么有些人毫不关心。”

人们已经意识到，应通过对人工智能相关法律、伦理和社会问题的深入探讨，为智能社会划出法律和伦理道德的边界，让人工智能服务于人类社会。这是世界范围内的一项共识。2017 年，麻省理工学院媒体实验室和哈佛大学伯克曼 · 克莱因互联网与社会研究中心合作推出了 AI 伦理研究计划，微软、谷歌等巨头也因人工智能的发展风险而成立了人工智能伦理委员会。越来越多的机器人专家呼吁，在机器人和自动化系统上安装“道德黑匣子”以记录机器的决定与行为。中国国务院在《新一代人工智能发展规划》中提出，“建立人工智能法律法规、伦理规范和政策体系，形成人工智能安全评估和管控能力”。但是，将伦理与法律要求嵌入人工智能系统，仍是全世界前沿性的科学难题，这需要技术、伦理、法律等控制手段配合使用、高度融合和跨学科合作。

人工智能是一把双刃剑，未来将有更多行业和场景运用人工智能，但同时很多人类工作将被取代。尤其是在后疫情时代，疫情加速企业推进应用人工智能和自动化进程。国际劳工组织在《2021 年世界就业和社会展望趋势报告》中指出，预计 2022 年全球失业人数将达到 2.05 亿人，大大超过 2019 年 1.87 亿的水平，相当于 5.7%的失业率。麦肯锡《失业与就业：自动化时代劳动力转变》报告指出，到 2030 年，被机器人取代的劳动力比率在美国将高达 23%，中国为 16%，全球平均为 15%。其中，受较高工资率的影响，发达经济体比发展中国家更容易受到自动化的影响。研究认为，不同国家和不同岗位受到的冲击有显著差别，越是发达国家，人工成本越高，越有动力率先采用机器人，因而其劳动力被机器人取代的程度更高、速度更快。美国咨询公司 Opimas 的数据显示，人工智能将率先颠覆金融部门，然后向各行各业渗透，目前这个速度正在加快。预计到 2025 年，AI 的运用将使得资本市场上包括证券服务、交易和结算、资产管理、私人银行和财富管理等业务在内的员工减少 23 万人。其中资产管理行业的收缩会最大，约有 9 万人将被机器取代。

为了更好地应对不断变换的工作内容和工作环境，美国国家科学基金会将“人类—技术前沿未来工作”作为未来十大投入构想之一，并将其列在首位。2018 年 12 月，美国发布“人类—技术前沿未来工作：核心研究”项目指南，提供 3000 万美元资助不超过 30 个项目，通过相关融合研究来理解和发展人类和技术的合作伙伴关系，开发新技术以提升人类绩效，理解和影响人工智能对员工和工作的冲击，促进终身、无所不在的学习。确实，人工智能在削减人类工作岗位的同时，也在创造新的职业。比如，机器人流程自动化和深度学习软件的供应商、实施并维护 AI 技术的增值经销商和咨询公司将带来 AI 相关工作。在华尔街，三类新技能将变得越来越重要：软件工程、数据科学以及业务和数字技能的结合。最后这一类不仅深谙业务，精通数字，而且知道如何推动公司业务数据化。还有为满足客户需求需要修改人工智能程序的人员，还有数据分析加工人员，诸如这样的业务需求将越来越多。

世界经济论坛 2018 年发布的就业报告预测，未来十年人工智能将替代 7500 万个工作岗位，同时创造出 1.33 亿个新岗位，就业创造将是人工智能就业效应的主要方面。据工业和信息化部人才交流中心发布的数据显示，目前我国人工智能人才缺口达 500 多万人，人工智能人才培养刻不容缓。普华永道发布的《人工智能和相关技术将对中国就业市场产生什么净影响？》报告显示，到 2037 年，受人工智能和机器人、无人机及自动驾驶汽车等相关技术的影响，可能将创造约 12% 的净增岗位，相当于额外增加约 9000 万个就业岗位，同时人工智能及机器人的广泛应用也将淘汰部分传统工作岗位，主要集中在服务业、建筑业、工业等领域。德勤公司通过分析英国 1871 年以来技术进步与就业的关系，发现技术进步是“创造就业的机器”。因为技术进步通过降低生产成本和价格，增加了消费者对商品的需求，从而社会总需求扩张，带动产业规模扩张和结构升级，创造更多就业岗位。马云曾经表示，人工智能将带来许多帮助，将可以减轻人类的工作负担。机器要做人类无法完成的事情，而不是代替人类的位置工作，这样机器才能成为人的合作伙伴，而不是“抢饭碗”的竞争对手。所以，他认为未来 30 年，人们每天只需工作 4 个小时，或许一周只要工作 4 天。

科学是人类社会进步的催化剂，知识的增加伴随的是未知领域的增加。著名物理学家斯蒂芬·霍金预言，“未来 100 年内，电脑将凭借人工智能把人类取而代之。当这一局面发生时，我们需要确保电脑拥有与我们一致的目标。科技力量在不断壮大，我们在运用科技时应该善用自己的智慧。我们的未来就是这种科技力量和人类智慧之间的较量”。这也是人类遭遇的挑战，如何突破人工智能值得人们深思。不过科技进步终究是好事，那么如何把握好这个度就是重中之重。“股神”巴菲特也说过，“人工智能会扼杀一些工作机会，但总体来讲，人工智能对社会有益”。人工智能可能还只是刚刚起步而已，这不仅是科技的变革，最终还会演变成社会发展的变革。要达到理想状态还需很长时间。当然，预测未来从来都是一件很不靠谱的事情。

参考文献

中文期刊

[1] 蔡丽娟 . 大数据时代人工智能在计算机网络技术中的应用 . 电脑知识与技术 ,2021,17(34).

[2] 陈彦斌 , 林晨 , 陈小亮 . 人工智能、老龄化与经济增长 . 经济研究 ,2019,54(7).

[3] 德勤中国 . "制造业 + 人工智能" 创新应用发展报告 . 机器人产业 ,2021(6).

[4] 耿子恒 , 汪文祥 , 曹园 . 人工智能与中国产业发展：国际经验借鉴 . 改革与战略 ,2021,37(12).

[5] 耿子恒 , 汪文祥 . 人工智能影响中国产业发展的路径与机制研究 . 工业技术经济 ,2022,41(2).

[6] 郭朝先 , 方澳 . 全球人工智能创新链竞争态势与中国对策 . 北京工业大学学报 (社会科学版):1–12[2022–03–17].http://kns.cnki.net/kcms/detail/11.4558.G.20220304.1615.002.html.

[7] 李永红 , 黄瑞 . 我国数字产业化与产业数字化模式的研究 . 科技管理研究 ,2019,39(16).

[8] 宁兆硕 . 中国人工智能产业发展分析及对策研究 . 山东行政学院学报 ,2018(1).

[9] 潘书阳 . 美国国防部最新人工智能战略的主要特点及对我国的启示 . 江

南社会学院学报 ,2019(3).

[10] 祁怀锦 . 数字经济是未来发展关键　国企管理 ,2021(1).

[11] 孙浩林 . 新一代人工智能技术在德国工业 4.0 中的应用路径研究 . 全球科技经济瞭望 ,2019,34(7).

[12] 孙明春 . 中国人工智能产业全景与预测 . 现代商业银行 , 2021(2).

[13] 唐攀 , 杨姝平 . 人工智能与实体经济融合发展研究 . 经济管理文摘 ,2020(11).

[14] 王哲 , 范振锐 , 唐宇佳 .2021 年中国人工智能产业发展形势展望 . 机器人产业 ,2021(2).

[15] 王哲 .2020 年中国人工智能产业发展形势展望 . 机器人产业 , 2020(1).

[16] 温晓君 . 中国发展人工智能产业的建议 . 中国经济报告 ,2017(3).

[17] 温毓敏 . 数字经济发展战略与对策分析 . 商展经济 ,2022(4).

[18] 习近平：不断做强做优做大我国数字经济 . 求是 ,2022(2).

[19] 夏进 . 全球主要经济体人工智能发展战略观察 . 大数据时代 ,2019(9).

[20] 谢毅梅 . 人工智能产业发展态势及政策研究 . 发展研究 ,2018(9).

[21] 张其仔 , 许明 . 中国参与全球价值链与创新链、产业链的协同升级 . 改革 ,2020(6).

[22] 中国人工智能产业分析 . 中国科技信息 ,2022(4).

[23] 中商产业研究院 . 中国人工智能行业市场前景及投资研究报告 . 电器工业 ,2020(12).

[24] 周琪 , 付随鑫 . 美国人工智能的发展及政府发展战略 . 世界经济与政治 ,2020(6).

[25] 周生升 , 秦炎铭 . 日本人工智能发展战略与全球价值链能力再提升——基于顶层设计与产业发展的竞争力分析 . 国际关系研究 ,2020(1)

.

图书

[26]（美）斯图尔特 J. 罗素 （Stuart J.Russell），（美）彼得·诺维格（Peter Norvig）. 人工智能 . 殷建平，祝恩，刘越，等，译 . 北京：清华大学出版社，2013.

[27]（美）保罗·克鲁格曼（Paul Krugman）. 预期消退的年代 . 王松奇，译 . 北京：中国经济出版社，2000.

[28]（美）Nils J. Nilsson. 人工智能（英文版）. 机械工业出版社，1999.

[29]（英）卡鲁姆·蔡斯 (Galum Chace). 人工智能革命：超级智能时代的人类命运 . 张尧然，译 . 北京：机械工业出版社，2017.

[30] 李开复 . 人工智能 . 北京：文化发展出版社，2017.

[31] 盘和林 .5G 新产业 . 北京：中国人民大学出版社， 2020.

[32] 腾讯研究院 . 人工智能 . 北京：中国人民大学出版社，2017.

[33] 中国电子信息产业发展研究院 . 中国信息化与工业化融合发展水平评估蓝皮书 . 北京：人民出版社，2019.

[34] 中国工程科技发展战略研究院 . 中国战略性新兴产业发展报告 . 北京：科学出版社 ,2018.

[35] 中国科学技术信息研究所 .2020 全球人工智能创新指数报告 . 北京：科学技术文献出版社，2021.

英文期刊

[36]Daron Acemoglu,Pascual Restrepo. The race between man and machine: implications of technology for growth, factor Shares, and employment. American Economic Review,2018,108 (6).

[37]Erik Brynjolfsson, Lorin M. Hitt. Beyond computation: information technology, organizational transformation and business performance. The Journal of Economic Perspectives,2000,14 (4).

[38]Juan Carrasquilla, Roger G. Melko.Machine learning phases of matter. Nature Physics,2017,13 (5).

[39]Lemi Baruh, Mihaela Popescu.Big data analytics and the limits of privacy self-management.New Media & Society,2017 (4).

[40]Margaret A. Boden. Creativity and artificial intelligence. Artificial Intelligence,1998,103 (1-2).

[41]Martin Upchurch. Robots and AI at work: the prospects for singularity. New Technology, Work and Employment,2018,33 (3).

[42]Stephen J. DeCanio. Robots and humans - complements or substitutes?. Journal of Macroeconomics,2016,49.

报告

[43] 清华大学 – 中国工程院知识智能联合研究中心 . 智慧人才发展报告 . 2021.

[44] 艾瑞咨询系列研究报 . 中国人工智能产业研究报告 2021 年 . 2021.

[45] 中金公司研究部 . 人工智能迎落地，探寻 AI 真需求 . 2021.

[46] 中金公司研究部 . 后疫情时代人工智能的发展趋势 . 2020.

[47] 中国信通院 . 大资料白皮书 . 2019.

[48] 腾讯研究院 . 中美两国人工智能产业发展全面解读 . 2017.

[49] 麦肯锡 . 大资料：创新、竞争和生产力的下一个新领域 . 2017.

[50] 麦肯锡 . 中国人工智能的未来之路 . 2017.

[51] 乌镇智库 . 全球人工智能发展报告 . 2017.

[52] 清科研究中心 . 中国人工智能行业投融资发展研究报告 . 2017.

[53] 前瞻产业研究院 . 中国呼叫中心产业市场前瞻与投资战略规划分析报告 .2020.

[54] 普华永道 . 人工智能和相关技术对中国就业的净影响 . 2019.

[55] 赛迪顾问 .5G 产业发展白皮书 . 2020.